农民
法律知识
学习手册

实用导图版

八五普法图书中心 ◎ 著

中国法制出版社

CHINA LEGAL PUBLISHING HOUSE

出版说明

近些年，随着全面依法治国的不断推进，我国的社会主义法治建设发生了历史性的变革，取得了历史性的成就，全民法律意识得到空前的提高。法律所体现的公平与正义深入人心，大家在遇到纠纷、侵权等情形时，能够第一时间把"依法办事""依法维权"作为指导原则，从而为建设法治大环境增加了人民群众方面的坚实力量。

全面推进依法治国，既要坚持科学立法、严格执法、公正司法，也要坚持全民守法。其中，守法不仅仅是从其字面意思理解的"遵守法律规定"，还是在运用法律的层面上体现的"依法办事""使用法律维权、解决问题"。可以说，用法才是守法的最高境界。那么，如何才能做到"用法"呢？首先要学法、知法、懂法。

不得不说，随着大家法律意识的提高，各界人士的学法积极性在不断地高涨，积极开展法律学习活动。特别是随着《中华人民共和国民法典》的出台，全民学法达到了空前的高潮。为了迎合这一契机，帮助大家学习、运用法律，我们特别组织编写了一套《法律知识学习手册（实用导图版)》，希望能给大家带来帮助。

在这套书中，各分册的内容设置以读者对象为基础，如干部、公务员、农民、青少年、职工、社区工作者等，专门选取了与其工作和生活贴近的法律知识，进行深入浅出的分析，具有很强的实用性与代入感。特别要指出的是，在每一章节，我们制作了"法律知识思维导图"，能够让读者一目了然，快速学习法律知识。读者朋友可以根据自身需要来进行选购，相信总有一册是与您密切相关的！

最后，我们希望本套书能为全面依法治国大计贡献绵薄之力！希望本套书能成为读者朋友学习法律知识的得力助手！同时，希望读者朋友多提宝贵意见！

前言／Preface

　　随着社会经济的发展和依法治国的不断推进，法律在我国农村地区越来越受到重视。很多农民不仅一改过去对法律漠视的态度，而且已经能主动用法律来解决纠纷，用法律来维权。这些都是可喜可贺的事情。但是，从我国农村的整体现状来看，农民的法律意识还有待提高，特别是对于一些较为偏远的农村地区来说，法律的普及还有很长的一段路要走。普法工作确实能在一定程度上提升广大农民的法律意识和法制观念，若让农民终身受益，则需要农民朋友主动且不间断地学习相关的法律知识。只有这样，农民才能真正成为法律的运用者，才能利用法律来保护自己的合法权益，化解纠纷。

　　在此，为了帮助广大农民朋友更好地了解和学习相关法律知识，我们特意编写了《农民法律知识学习手册》一书。本书采用通俗易懂的语言，介绍了与农民朋友生活息息相关的各种法律知识，内容全面且实用，阅读起来方便快捷，可谓一看就明、一读就会、一学便知。下面，我们一起来看一下本书的内容结构：

　　第一，案例分析。生活中真实案例是最有说服力的，也是最生动的。因此，我们选取了农民朋友生活中常见的案例，并由此提出

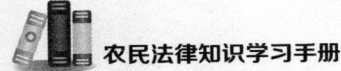

问题，引发思考。然后，我们再从法律专业的角度，严谨地进行分析，为读者答疑解惑。

第二，法律条文。法律条文是解决一切法律纠纷最现实的依据。我们在分析案例之后，适时地配以相关的法律条文，以便让读者在解惑之后，能对该法律知识有一个系统的了解，从而加深印象。

第三，深度解析。此部分在案例分析的基础上，进一步讲解案情中所体现或延伸出的法律知识点，不仅能弥补分析中存在的不足，还能使读者学习与此相关的法律知识，可谓一举两得。

最后，衷心希望本书能成为您的好帮手！

目录／Contents

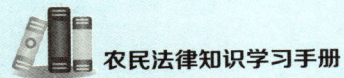
第三章　农村土地承包法律知识

第四章　宅基地与相邻权法律知识

第五章　农村借贷法律知识

第六章　婚姻法律知识

第七章　抚养与收养法律知识

第八章　赡养法律知识

第九章　继承法律知识

第一章
村民自治法律知识

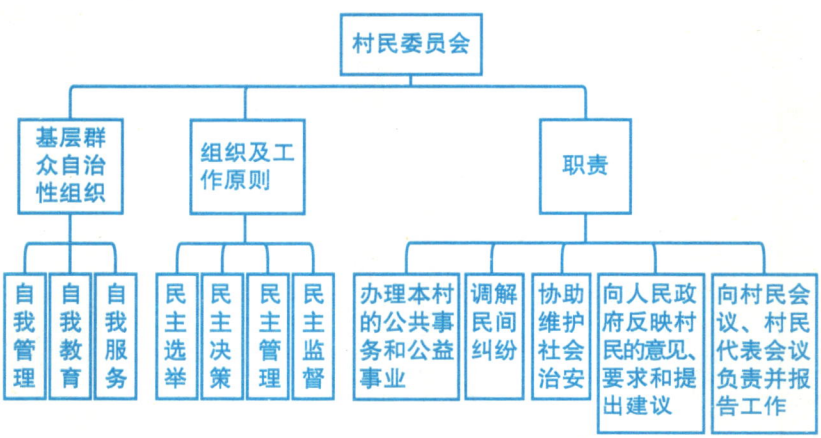

谁有权参加村委会选举

有选举权和被选举权的村民

年满十八周岁的村民，不分民族、种族、性别、职业、家庭出身、宗教信仰、教育程度、财产状况、居住期限，都有选举权和被选举权；但是，依照法律被剥夺政治权利的人除外

选民登记（有选举资格的人）

户籍在本村并且在本村居住的村民

户籍在本村，不在本村居住，本人表示参加选举的村民

户籍不在本村，在本村居住一年以上，本人申请参加选举，并且经村民会议或者村民代表会议同意参加选举的公民

已在户籍所在村或者居住村登记参加选举的村民，不得再参加其他地方村民委员会的选举

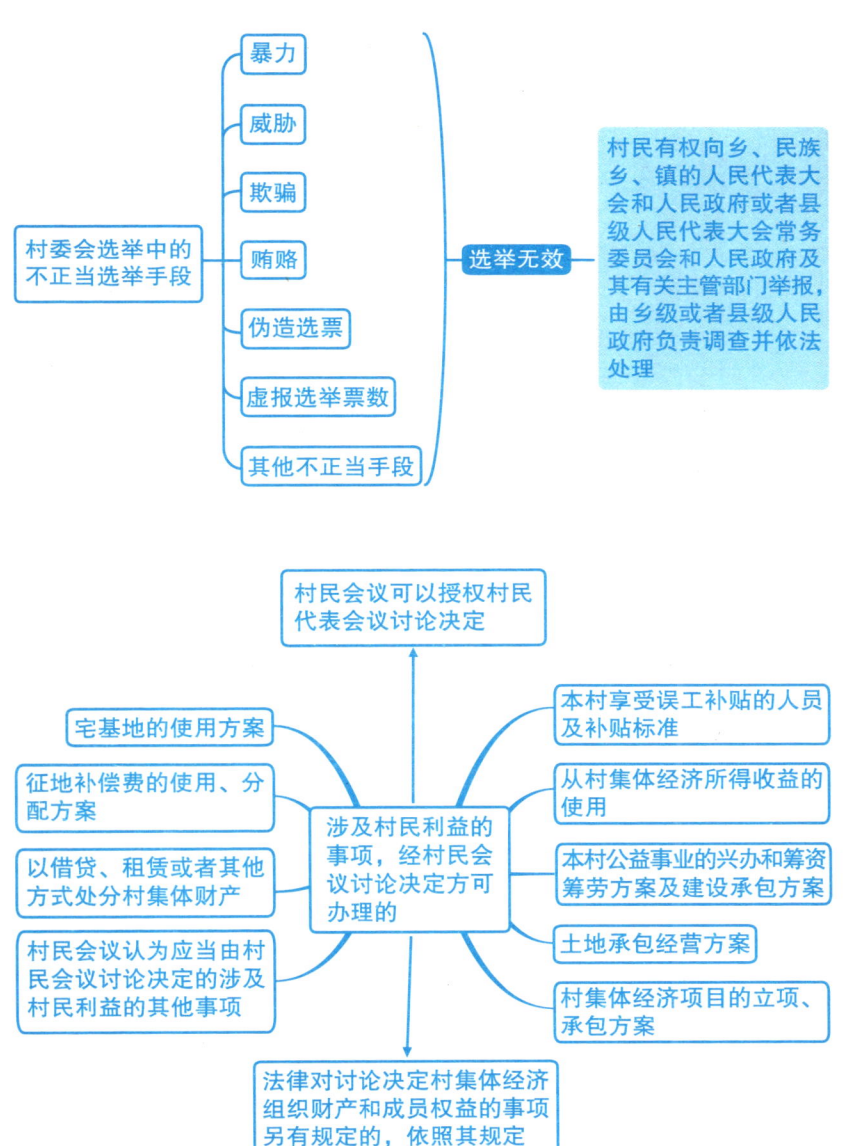

村务公开

应当及时公布的事项
- 由村民会议、村民代表会议讨论决定的事项及其实施情况
- 国家计划生育政策的落实方案
- 政府拨付和接受社会捐赠的救灾救助、补贴补助等资金、物资的管理使用情况
- 村民委员会协助人民政府开展工作的情况
- 涉及本村村民利益，村民普遍关心的其他事项

这些事项中，一般事项至少每季度公布一次；集体财务往来较多的，财务收支情况应当每月公布一次；涉及村民利益的重大事项应当随时公布

村民委员会应当保证所公布事项的真实性，并接受村民的查询

村民委员会成员

实行任期和离任经济责任审计

村民委员会成员的任期和离任经济责任审计，由县级人民政府农业部门、财政部门或者乡、民族乡、镇的人民政府负责组织，审计结果应当公布，其中离任经济责任审计结果应当在下一届村民委员会选举之前公布

审计的事项
- 本村财务收支情况
- 本村债权债务情况
- 政府拨付和接受社会捐赠的资金、物资管理使用情况
- 本村生产经营和建设项目的发包管理以及公益事业建设项目招标投标情况
- 本村资金管理使用以及本村集体资产、资源的承包、租赁、担保、出让情况，征地补偿费的使用、分配情况
- 本村五分之一以上的村民要求审计的其他事项

1. 村民对村委会选举名单有异议，应该怎么做?

◆ 案例分析

某日，大刘村村民刘某趁着农闲在村里闲逛，逛到村委会门口，发现了两天前公布的参加选举的村民名单，便随便看看。看到最后的时候，发现了李某的名字，心想李某不是本村人，只是几个月前刚来投奔舅舅的，怎么能参加本村选举呢? 原来，李某确实不是大刘村村民，几个月前父母因发生车祸离世，其身体有残疾需要照顾，便来投靠邻村的舅舅，平日生活好有个照应。刘某不太懂法律，就感觉李某不应该有选民资格。那么，刘某的想法是否正确? 他对选民名单有异议，应该怎么做?

按照《村民委员会组织法》第十三条的规定，李某确实不具备选民资格。该法第十四条规定，登记参加选举的村民名单应当在选举日的二十日前由村民选举委员会公布。对登记参加选举的村民名单有异议的，应当自名单公布之日起五日内向村民选举委员会申诉，村民选举委员会应当自收到申诉之日起三日内作出处理决定，并公布处理结果。刘某看到公布的登记参加选举的村民名单是在名单公布后两日，没超出五日，因此刘某可以向村民选举委员会申诉，村民选举委员会在三日内就会作出处理决定。

◆ 法律条文

《中华人民共和国村民委员会组织法》

第十三条 年满十八周岁的村民，不分民族、种族、性别、职业、家庭出身、宗教信仰、教育程度、财产状况、居住期限，都有选举权和被选举权；但是，依照法律被剥夺政治权利的人除外。

村民委员会选举前，应当对下列人员进行登记，列入参加选举的村民名单：

（一）户籍在本村并且在本村居住的村民；

（二）户籍在本村，不在本村居住，本人表示参加选举的村民；

（三）户籍不在本村，在本村居住一年以上，本人申请参加选举，并且经村民会议或者村民代表会议同意参加选举的公民。

已在户籍所在村或者居住村登记参加选举的村民，不得再参加其他地方村民委员会的选举。

第十四条 登记参加选举的村民名单应当在选举日的二十日前由村民选举委员会公布。

对登记参加选举的村民名单有异议的，应当自名单公布之日起五日内向村民选举委员会申诉，村民选举委员会应当自收到申诉之日起三日内作出处理决定，并公布处理结果。

深度解析

　　村民选举委员会公布登记参加选举的村民名单后，村民可以自行查看自己的选民资格以及其他人的选民资格，若有异议，应及时向村民选举委员会申诉，申诉时间为名单公布之日起五日内。这样规定是为了督促村民及时行使自己的监督权利，也为选举委员会的审查处理留出时间。而村民委员会也应当在收到申诉之日起三日内作出处理决定，以方便大家知道处理结果和选举相关工作的部署。

2. 村委会选举时，村民受到候选人威胁，应该怎么办?

◆ **案例分析**

　　某村今年的村委会选举有两个候选人——汪某和单某，至于谁比较有希望当选，村里人都心知肚明。论能力，两人不相上下，但汪某脾气不好，爱欺负人，所以村里大部分人都不太喜欢他。汪某自己也知道这一点，但他好胜心很强，一心想着在这次选举中打压单某。一日，刘某正在家做饭，汪某突然到他家里，寒暄了半天，明里暗里叫刘某一家在投票的时候考虑自己，还称若当选，日后会有报答。刘某虽然家里条件差，但也不相信汪某的假意承诺，更不愿意和汪某扯上什么关系，便一直闷不作声。汪某见劝说无果，便转脸威胁说，如果不选他便将刘某盖的新房砸烂。刘某听了非常生气，但也不敢当面与之对抗，便假意答应。事后刘某急忙与乡亲商量此事，才发现汪某已去各家游说，要么贿赂，要么威胁。于是大家决定集体采取措施。那么，按照我国法律规定，乡亲们应该怎么做来维护自己的权利?

　　《村民委员会组织法》第十七条规定，对以暴力、威胁、欺骗、贿赂、伪造选票、虚报选举票数等不正当手段，妨害村民行使选举权、被选举权，破坏村民委员会选举的行为，村民有权向乡、民族乡、镇的人民代表大会和人民政府或者县级人民代表大会常务委员会和人民政府及其有关主管部门举报，由乡级或者县级人民政府负责调查并依法处理。本案中，汪某显然存在贿赂和威胁等行为，妨害了村民行使选举权，扰乱了正常的选举秩序，村民有权向乡级人大、政府或者县级人大常委和政府及其有关主管部门举报。

◆ 法律条文

《中华人民共和国村民委员会组织法》

第十七条　以暴力、威胁、欺骗、贿赂、伪造选票、虚报选举票数等不正当手段当选村民委员会成员的，当选无效。

对以暴力、威胁、欺骗、贿赂、伪造选票、虚报选举票数等不正当手段，妨害村民行使选举权、被选举权，破坏村民委员会选举的行为，村民有权向乡、民族乡、镇的人民代表大会和人民政府或者县级人民代表大会常务委员会和人民政府及其有关主管部门举报，由乡级或者县级人民政府负责调查并依法处理。

深度解析

我国农村自治实践中，"暴力威胁""贿选"等现象时有发生，对此法律规定了村民的救济手段，以保障选举的正常进行。村民向有关部门举报后，由乡级或者县级人民政府负责调查并依法处理。若出现以不正当手段当选村委会成员的，因其手段不合法，当选无效。

无论是选举前还是选举后，村民一旦发现有威胁、贿赂、欺骗等不正当行为破坏村民委员会选举的，均可依法举报，以保障村民自治的合法有序。

3. 村民代表会议的设立需要注意哪些事项?

◆ 案例分析

　　小姚居住的某村位于一个偏远的山区，人们依山建房，居住较为分散。这里的人们世代务农，虽然收入不高，但日子也还过得舒服自在。但由于交通不发达，该村有些闭塞，法律的普及也缓慢而困难。几年前，村里要设立村民代表会议，但连村支书在内的村委会成员都不知道应该怎么做。今年上五年级的小姚因为聪明好学，被大家称为"小神童"，村民有什么不懂的都喜欢问问她。村里设立村民代表会议是关系各家各户的大事，小姚也想为村里尽一份力，弄清法律对此是如何规定的。那么，我国法律对于村民代表会议的设立是怎样规定的？

　　《村民委员会组织法》第二十五条第一款规定，人数较多或者居住分散的村，可以设立村民代表会议，讨论决定村民会议授权的事项。村民代表会议由村民委员会成员和村民代表组成，村民代表应当占村民代表会议组成人员的五分之四以上，妇女村民代表应当占村民代表会议组成人员的三分之一以上。小姚居住的某村地处山区，居住分散，依法可以设立村民代表会议。其中应当注意的是，村民代表会议由村委会成员和村民代表组成，村民代表所占的比例为五分之四以上，妇女代表所占的比例也应符合三分之一以上的要求。

◆ **法律条文**

《中华人民共和国村民委员会组织法》

第二十五条 人数较多或者居住分散的村，可以设立村民代表会议，讨论决定村民会议授权的事项。村民代表会议由村民委员会成员和村民代表组成，村民代表应当占村民代表会议组成人员的五分之四以上，妇女村民代表应当占村民代表会议组成人员的三分之一以上。

村民代表由村民按每五户至十五户推选一人，或者由各村民小组推选若干人。村民代表的任期与村民委员会的任期相同。村民代表可以连选连任。

村民代表应当向其推选户或者村民小组负责，接受村民监督。

深度解析

人数较多或居住分散的村，为了方便管理，法律规定可以设立村民代表会议方便村民行使权利，进行自治管理。为保证村民的自治权和妇女的自治权，《村民委员会组织法》第二十五条对村民代表和妇女在村民代表会议中所占比例都有最低要求。另外，村民代表的比例为每五户至十五户推选一人，各村可根据具体情况决定。

4. 村民小组会议所作决定仅有二分之一的村民同意，该决议能否通过？

◆ **案例分析**

2019 年 3 月初，某村召开村民小组会议，商议下个季度的耕种相关事宜。该村村民小组成年人共 33 人，当天参加会议的有 30 人，其他 3 人因为各自家里有事未能参加。由于村民小组组长是刚推选出来的赵某，大家都听得很仔细。在进行表决时，大部分讨论事项都没什么争议，全票通过。在讨论到重新分地等事宜时，同意的人数刚好只有 15 人。组长赵某看达到了一半，便宣布通过。这时在一旁的小李觉得不对，虽然在以前的村民会议中没出现过到会人员刚好半数同意的情况，但小李总觉得好像半数不能通过。那么，小李的疑惑是正确的吗？村民小组会议中究竟多少人同意才能通过决定？

小李的怀疑是有道理的。《村民委员会组织法》第二十八条第一款规定，召开村民小组会议，应当有本村民小组十八周岁以上的村民三分之二以上，或者本村民小组三分之二以上的户的代表参加，所作决定应当经到会人员的过半数同意。由此可知，该村参加会议的人数符合规定，但刚好半数同意的决定不能通过。因为法律明确规定的是"过半数"，也就是说，在这次会议中，每个事项至少有 16 人同意才可通过。

◆ 法律条文

《中华人民共和国村民委员会组织法》

第二十八条 召开村民小组会议，应当有本村民小组十八周岁以上的村民三分之二以上，或者本村民小组三分之二以上的户的代表参加，所作决定应当经到会人员的过半数同意。

村民小组组长由村民小组会议推选。村民小组组长任期与村民委员会的任期相同，可以连选连任。

属于村民小组的集体所有的土地、企业和其他财产的经营管理以及公益事项的办理，由村民小组会议依照有关法律的规定讨论决定，所作决定及实施情况应当及时向本村民小组的村民公布。

深度解析

为保证村民小组会议能最大限度地代表广大村民的意愿，法律对召开村民小组会议的人数比例进行了规定，即"本村民小组十八周岁以上的村民三分之二以上，或者本村民小组三分之二以上的户的代表"。做决定时采用了常用的半数原则，这里应当注意的是，法律规定的是"过半数"，那么就必须严格遵循法律规定，差一点也不行。比如进行表决的村民有 49 个，半数为 24.5，那么即使有 24 人同意也不能通过，至少要有 25 人同意。

5. 村民认为村委会没有公开重要信息，用什么办法能够维护自身权利？

◆ 案例分析

某市某村积极落实国家政策，在村委会门前设立了村务公开栏，以方便及时公开村务，接受村民监督。2019 年年初，该村所在的县级市进行城区改造，而该村紧邻市区，有很多土地被合法征收，进行城区扩建。村民一向遵纪守法，没出现无理取闹、违法建房或者阻挠拆迁的行为。村民明白这是国家政策，自己的权益有保障，只想尽快拿到合理的拆迁补偿。在 2020 年第一季度的村务公开中，村民王某非常关心拆迁款的问题，便第一时间赶去村委会查看，发现并没有公布相关信息。王某向村委会人员询问，也没得到实质性的答复。后来，村里人都知道了这一情况，心里不太踏实，觉得这么重要的信息村委会应该及时公开。那么，村民应该怎么做？

根据《村民委员会组织法》第三十条的规定，村民委员会应当及时公布政府拨付和接受社会捐赠的救灾救助、补贴补助等资金、物资的管理使用情况以及涉及本村村民利益，村民普遍关心的其他事项。该法第三十一条明确规定，村民委员会不及时公布应当公布的事项或者公布的事项不真实的，村民有权向乡、民族乡、镇的人民政府或者县级人民政府及其有关主管部门反映，有关人民政府或者主管部门应当负责调查核实，责令依法公布；经查证确有违法行为的，有关人员应当依法承担责任。

本案中，村民的拆迁补偿事宜是涉及村民利益的重大事项，村民普遍比较关心。对于村委会没有及时公布的事实，村民有权利向乡级或县级政府反映。政府主管部门应调查核实，确应公布的应责令村委会依法公布，有违法行为的人员应依法承担责任。

◆ **法律条文**

《中华人民共和国村民委员会组织法》

第三十条　村民委员会实行村务公开制度。

村民委员会应当及时公布下列事项，接受村民的监督：

（一）本法第二十三条、第二十四条规定的由村民会议、村民代表会议讨论决定的事项及其实施情况；

（二）国家计划生育政策的落实方案；

（三）政府拨付和接受社会捐赠的救灾救助、补贴补助等资金、物资的管理使用情况；

（四）村民委员会协助人民政府开展工作的情况；

（五）涉及本村村民利益，村民普遍关心的其他事项。

前款规定事项中，一般事项至少每季度公布一次；集体财务往来较多的，财务收支情况应当每月公布一次；涉及村民利益的重大事项应当随时公布。

村民委员会应当保证所公布事项的真实性，并接受村民的查询。

第三十一条　村民委员会不及时公布应当公布的事项或者公布

的事项不真实的，村民有权向乡、民族乡、镇的人民政府或者县级人民政府及其有关主管部门反映，有关人民政府或者主管部门应当负责调查核实，责令依法公布；经查证确有违法行为的，有关人员应当依法承担责任。

深度解析

　　为保障村民的知情权，村委会有对相关事项及时公布的义务。公布的形式除了村委会门前宣传栏，各村还可以根据自身情况结合其他公布方式，以方便村民知情和监督为目的。村民要关心自身的权利，要有主人翁的意识，定期到村委会查看了解，遇到不明白的可以向工作人员询问。若发现存在应公布而未公布、公布不及时、公布内容不真实等情况，可以依法向有关部门反映，以维护自身的合法权益。

6. 村委会侵害村民合法权益，村民应该怎么做？

◆ 案例分析

王大爷今年已经68岁，是临水村有名的老人，早年间当过兵，打过仗，但没什么积蓄。由于当兵落下了残疾，一直也没娶上媳妇，多年来一直靠亲戚和邻居的救济过日子。临水村风景优美，几年前大家在上届老村支书的带领下努力开发旅游业，建了几个农家乐，虽然规模不大，但各家各户都有了不错的收入。当然，这些都和王大爷不沾边。2020年新村支书上任，正好赶上县里分了一个低保名额，临水村由于人口少再加上近几年发展不错，村民都觉得名额非王大爷莫属。没想到新支书偷偷把名额给了他的小舅子。而他的小舅子好吃懒做，并不符合享受低保的条件。王大爷知道了非常生气，找到新村支书骂了几句，也无可奈何。好心的村民见王大爷可怜，告诉他可以向法院告状来维护自己的权益。那么，村民说的有道理吗？王大爷应该怎么做才能维护自己的权益呢？

根据《村民委员会组织法》第三十六条第一款的规定，村民委员会或者村民委员会成员作出的决定侵害村民合法权益的，受侵害的村民可以申请人民法院予以撤销，责任人依法承担法律责任。本案中，王大爷是村里最符合享受低保待遇的人，但新任村支书徇私情，私自将低保名额给了自己的小舅子，侵害了王大爷的合法权

益。王大爷可以依法申请人民法院予以撤销，让新村支书依法承担法律责任。

◆ **法律条文**

《中华人民共和国村民委员会组织法》

第三十六条　村民委员会或者村民委员会成员作出的决定侵害村民合法权益的，受侵害的村民可以申请人民法院予以撤销，责任人依法承担法律责任。

村民委员会不依照法律、法规的规定履行法定义务的，由乡、民族乡、镇的人民政府责令改正。

乡、民族乡、镇的人民政府干预依法属于村民自治范围事项的，由上一级人民政府责令改正。

> **深度解析**
>
> 我国农村实行基层民主自治，村委会可以依法对村内事务作出决定，但是村委会及其成员不得因此损害村民的合法权益。村委会或其成员作出的决定侵害村民合法权益的，属于作为的侵害，村民可以依法向法院申请撤销；村委会不履行法定义务的，属于不作为的侵害，乡级政府有权责令改正，要求其履行法定义务。

第二章
土地管理法律知识

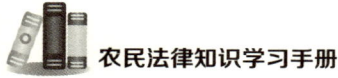
农民法律知识学习手册

土地用途

国家实行土地用途管制制度

土地划分种类

农用地

农用地是指直接用于农业生产的土地，包括耕地、林地、草地、农田水利用地、养殖水面等

建设用地

建设用地是指建造建筑物、构筑物的土地，包括城乡住宅和公共设施用地、工矿用地、交通水利设施用地、旅游用地、军事设施用地等

未利用地

未利用地是指农用地和建设用地以外的土地

严格限制农用地转为建设用地，控制建设用地总量，对耕地实行特殊保护

使用土地的单位和个人必须严格按照土地利用总体规划确定的用途使用土地

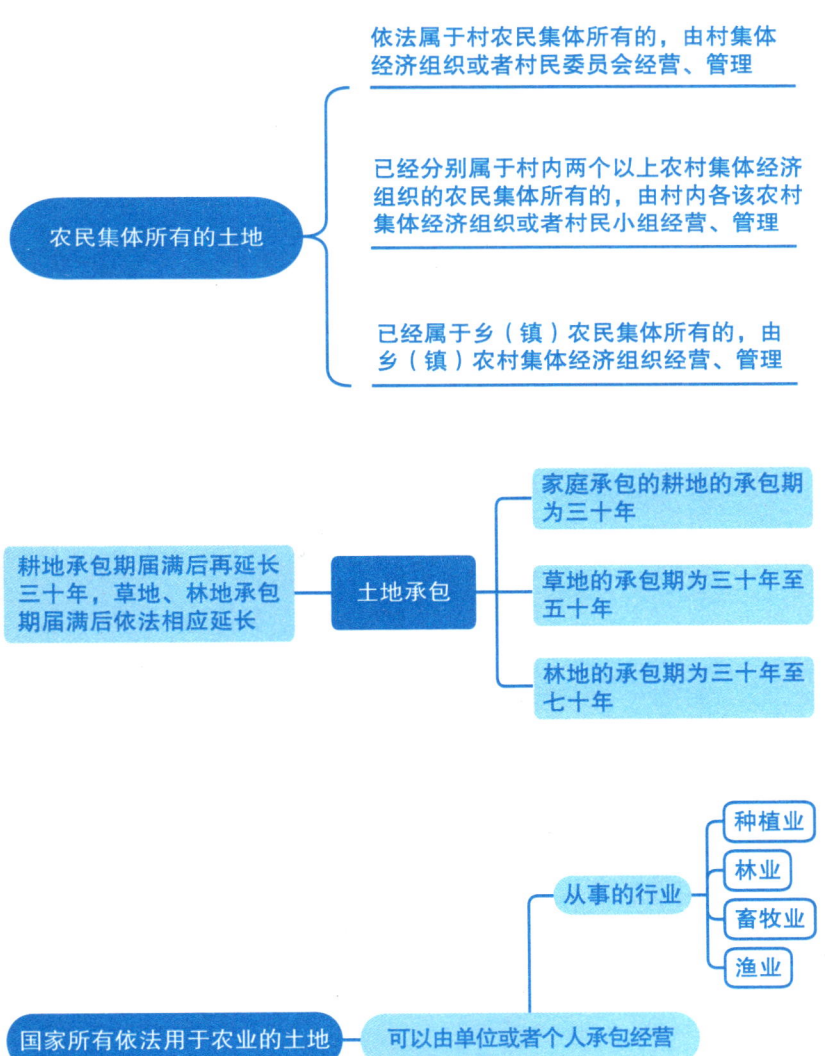

农民集体所有的土地

依法属于村农民集体所有的，由村集体经济组织或者村民委员会经营、管理

已经分别属于村内两个以上农村集体经济组织的农民集体所有的，由村内各该农村集体经济组织或者村民小组经营、管理

已经属于乡（镇）农民集体所有的，由乡（镇）农村集体经济组织经营、管理

耕地承包期届满后再延长三十年，草地、林地承包期届满后依法相应延长

土地承包

家庭承包的耕地的承包期为三十年

草地的承包期为三十年至五十年

林地的承包期为三十年至七十年

从事的行业

种植业

林业

畜牧业

渔业

国家所有依法用于农业的土地

可以由单位或者个人承包经营

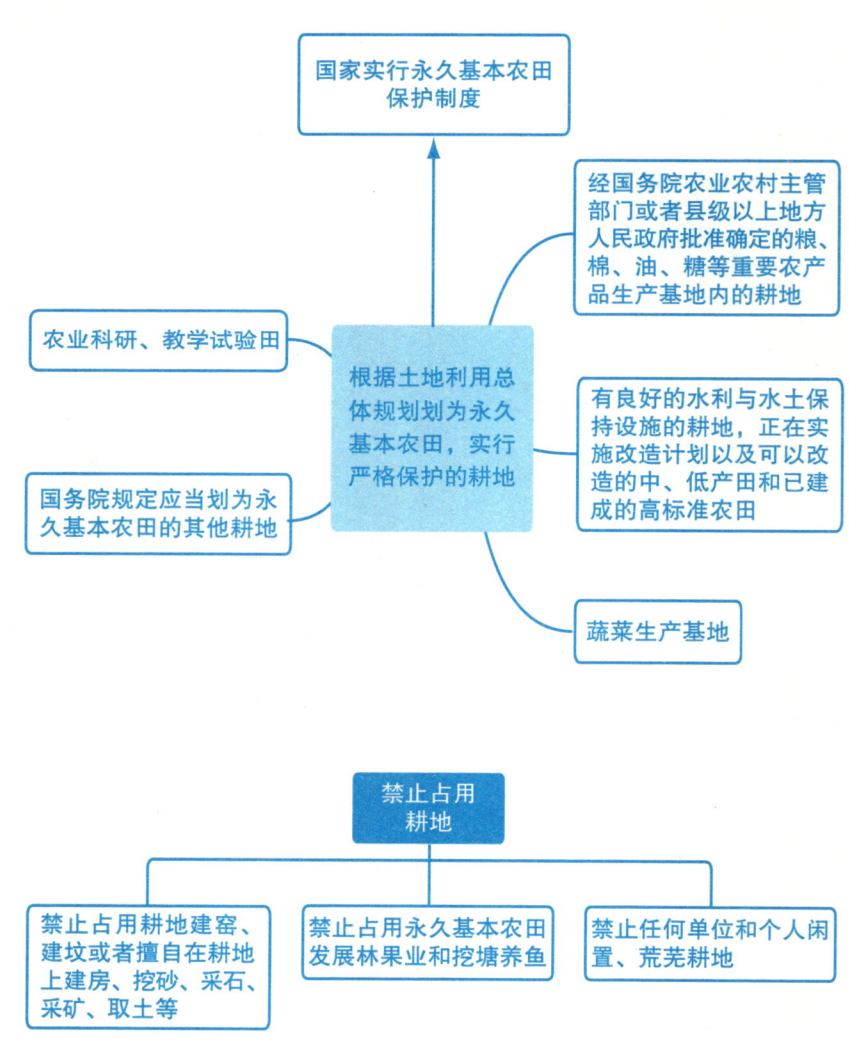

国家实行永久基本农田保护制度

经国务院农业农村主管部门或者县级以上地方人民政府批准确定的粮、棉、油、糖等重要农产品生产基地内的耕地

农业科研、教学试验田

根据土地利用总体规划划为永久基本农田，实行严格保护的耕地

有良好的水利与水土保持设施的耕地，正在实施改造计划以及可以改造的中、低产田和已建成的高标准农田

国务院规定应当划为永久基本农田的其他耕地

蔬菜生产基地

禁止占用耕地

禁止占用耕地建窑、建坟或者擅自在耕地上建房、挖砂、采石、采矿、取土等

禁止占用永久基本农田发展林果业和挖塘养鱼

禁止任何单位和个人闲置、荒芜耕地

由政府组织实施的扶贫搬迁、保障性安居工程建设需要用地的

军事和外交需要用地的

这里的建设活动，还应当纳入国民经济和社会发展年度计划

在土地利用总体规划确定的城镇建设用地范围内，经省级以上人民政府批准由县级以上地方人民政府组织实施的成片开发建设需要用地的

由政府组织实施的能源、交通、水利、通信、邮政等基础设施建设需要用地的

为了公共利益的需要，确需征收农民集体所有的土地的，可以依法实施征收的情形

由政府组织实施的科技、教育、文化、卫生、体育、生态环境和资源保护、防灾减灾、文物保护、社区综合服务、社会福利、市政公用、优抚安置、英烈保护等公共事业需要用地的

成片开发并应当符合国务院自然资源主管部门规定的标准

法律规定为公共利益需要可以征收农民集体所有的土地的其他情形

建设活动应当符合国民经济和社会发展规划、土地利用总体规划、城乡规划和专项规划

农村集体经济组织报经原批准用地的人民政府批准，可以收回土地使用权的情形

为乡（镇）村公共设施和公益事业建设，需要使用土地的

收回农民集体所有的土地的，对土地使用权人应当给予适当补偿

不按照批准的用途使用土地的

因撤销、迁移等原因而停止使用土地的

收回集体经营性建设用地使用权，依照双方签订的书面合同办理，法律、行政法规另有规定的除外

7. 使用耕地进行非农建设的，应该坚持什么原则？

◆ **案例分析**

某山村村民罗某迫于生活压力常年外出务工，家里的土地由年迈的父母代为耕种一部分，另一部分则常年荒置。村里像罗某一样外出务工导致家里土地闲置的人有很多。政府为了用活土地，同时鼓励外出打工人员回乡工作，研究决定兴建一处度假山庄开发旅游业。某公司获准在荒置的土地上建厂招工，占用耕地100亩。请问在耕地上进行非农建设，应坚持什么原则？

根据土地用途不同，可以将土地分为农用地、建设用地和未利用地，国家严格限制农用地转为建设用地，依法对耕地实行特殊保护，任何单位和个人必须严格按照土地利用的总体规划确定的用途使用土地。耕地是农用地，占用耕地进行非农建设的，必须报土地管理部门核实，并经有权批准的人民政府批准后才能依法将农用地转为非农建设用地。

根据《土地管理法》第三十条的规定，经批准可以占用耕地进行非农建设的，必须坚持占用耕地补偿原则，即非农建设经批准占用耕地的，应当按照"占多少，垦多少"的原则，由占用耕地的单位负责开垦与所占用耕地的数量和质量相当的耕地；如果没有开垦条件或者开垦的耕地不符合要求的，就应当按照省、自治区、直辖市的规定缴纳耕地开垦费，以开垦新的耕地。

◆ 法律条文

《中华人民共和国土地管理法》

第三十条　国家保护耕地，严格控制耕地转为非耕地。

国家实行占用耕地补偿制度。非农业建设经批准占用耕地的，按照"占多少，垦多少"的原则，由占用耕地的单位负责开垦与所占用耕地的数量和质量相当的耕地；没有条件开垦或者开垦的耕地不符合要求的，应当按照省、自治区、直辖市的规定缴纳耕地开垦费，专款用于开垦新的耕地。

省、自治区、直辖市人民政府应当制定开垦耕地计划，监督占用耕地的单位按照计划开垦耕地或者按照计划组织开垦耕地，并进行验收。

深度解析

《土地管理法》规定国家保护耕地，严格控制耕地转为非耕地。这是对耕地保护最重要的措施。国家实行占用耕地补偿制度，是因为过去建设活动占用了大量的耕地，而补充的耕地却很少，造成耕地面积锐减。任何建设占用耕地都必须履行开垦耕地的义务，开垦耕地的责任者是占用耕地的单位。

8. 应当由谁负责将被占用耕地上耕作层的土壤移走?

◆ 案例分析

2020 年 3 月，某市要进行城区开发改造建设，经土地管理部门批准，需占用城东耕地 50 亩，某公司依法承建该开发改造工程。王某家的土地刚好在被占用的耕地之列。动土之初，很多土壤堆积在耕地附近，久久不见人处理。世代务农的王某觉得这些土壤都是适合庄稼生长的好土壤，就这样浪费了太可惜，政府应将土壤移走用于新开垦的土地。那么，应该由谁负责将这些土壤移走，是政府还是占有耕地的单位?

本案中，该市政府可以要求该依法承建该开发改造工程的公司将所占用耕地上耕作层的土壤移走，该公司有责任履行该义务。我国依法实行最严格的耕地保护制度，对耕地实行特殊保护，坚守 18 亿亩耕地红线。国家或地方政府为经济建设、社会发展等需要，依法将农用地改为建设用地的，应当坚持"占多少，垦多少"的原则，占用耕地的单位有义务将耕地上耕作层的土壤移走，以确保耕地的数量和质量。对此，《土地管理法》第三十一条规定，县级以上地方人民政府可以要求占用耕地的单位将所占用耕地耕作层的土壤用于新开垦耕地、劣质地或其他耕地的土壤改良。

◆ 法律条文

《中华人民共和国土地管理法》

第三十一条　县级以上地方人民政府可以要求占用耕地的单位将所占用耕地耕作层的土壤用于新开垦耕地、劣质地或者其他耕地的土壤改良。

☼ 深度解析

耕地耕作层是经过多年耕种形成的，是农业生产中的宝贵资源。目前，我国耕地开发中往往缺少熟化土而影响耕地的质量。因此，将耕作层土壤用于新开垦的耕地是有利的，可以加快新开垦耕地熟化的过程。但由于受自然条件和开垦耕地成本的影响，法律规定县级以上地方人民政府可以要求这样做，但不是必须这样做。

9. 哪些耕地可以被划入永久基本农田保护区?

◆ **案例分析**

家住黑龙江省某村的张某家的耕地,因占有良好的地理位置和适宜的气候,非常适合水稻生长。2019 年,经过专家考察,该地被划为农业科研用地,用来研发新型的水稻品种。经过一年的研究,取得了一定的成果。县政府于 2020 年将该处耕地划为永久基本农田保护区,张某非常高兴。邻村的亲戚得知后非常希望自家土地也可以被划为永久基本农田保护区,于是向张某询问。张某表示自己也不太清楚。那么,究竟哪些耕地可以被划入永久基本农田保护区呢?

所谓永久基本农田保护区,是指为了对基本农田实行特殊保护,避免此类耕地用作其他用途,依照法律法规规定的要求和程序划定的特殊保护区域。我国实行永久基本农田保护制度,永久基本农田保护区以乡(镇)为单位进行划区定界,由县级人民政府自然资源主管部门会同同级农业农村主管部门组织实施,各级政府应当对列入永久基本农田保护区的耕地进行严格管理。根据《土地管理法》第三十三条的规定,按照土地利用总体规划被列入永久基本农田保护区的耕地主要包括:(1)经国务院农业农村主管部门或者县级以上地方人民政府批准确定的粮、棉、油、糖等重要农产品生产基地内的耕地;(2)有良好的水利与水土保持设施的耕地,正在实施改造计划以及可以改造的中、低产田和已建成的高标准农田;

（3）蔬菜生产基地；（4）农业科研、教学试验田；（5）国务院规定应当划为永久基本农田的其他耕地。

◆ **法律条文**

《中华人民共和国土地管理法》

第三十三条 国家实行永久基本农田保护制度。下列耕地应当根据土地利用总体规划划为永久基本农田，实行严格保护：

（一）经国务院农业农村主管部门或者县级以上地方人民政府批准确定的粮、棉、油、糖等重要农产品生产基地内的耕地；

（二）有良好的水利与水土保持设施的耕地，正在实施改造计划以及可以改造的中、低产田和已建成的高标准农田；

（三）蔬菜生产基地；

（四）农业科研、教学试验田；

（五）国务院规定应当划为永久基本农田的其他耕地。

各省、自治区、直辖市划定的永久基本农田一般应当占本行政区域内耕地的百分之八十以上，具体比例由国务院根据各省、自治区、直辖市耕地实际情况规定。

第三十四条 永久基本农田划定以乡（镇）为单位进行，由县级人民政府自然资源主管部门会同同级农业农村主管部门组织实施。永久基本农田应当落实到地块，纳入国家永久基本农田数据库严格管理。

乡（镇）人民政府应当将永久基本农田的位置、范围向社会公告，并设立保护标志。

深度解析

《土地管理法》规定了永久基本农田保护制度。我国人多地少，耕地后备资源贫乏，因此，划定永久基本农田保护区，对保护区内的耕地实行特殊保护并合理利用，是经实践证明的有效方法。对于那些影响国民经济及农业发展的重点耕地，必须划入永久基本农田保护区实行严格管理。

10. 从自家耕地里取土盖房合法吗?

◆ 案例分析

村民牛某今年 35 岁, 由于平日好吃懒做, 没人愿意给他介绍对象。后来因为牛某年纪太大, 家里人着急, 便答应了一门亲事, 女方已离异且带着孩子。女方提出的结婚条件是翻盖新房, 牛某硬着头皮到处借钱, 总算把新房盖了起来。婚后没多久, 有政府工作人员来调查, 说牛某擅自从自家耕地取土盖房, 违反了法律规定, 要对其进行行政处罚。请问牛某可以从自家耕地取土盖房吗?

本案涉及擅自从耕地取土破坏种植条件的法律问题, 案例中的牛某不得从自家耕地里取土盖房, 因擅自取土破坏耕地种植条件的, 该县政府土地管理部门应当责令牛某限期改正或者治理, 还可以对其处以罚款。我国实行严格的耕地保护制度, 禁止滥用耕地, 《土地管理法》第三十七条第二款规定: "禁止占用耕地建窑、建坟或者擅自在耕地上建房、挖砂、采石、采矿、取土等。" 同时, 该法还规定了违法占用耕地应当承担的法律责任, 根据该法第七十五条的规定, 违反该法规定, 占用耕地建窑、建坟或者擅自在耕地上建房、挖砂、采石、采矿、取土等, 破坏种植条件的, 由县级以上人民政府自然资源主管部门、农业农村主管部门等按照职责责令限期改正或者治理, 可以并处罚款; 构成犯罪的, 依法追究刑事责任。由此可见, 只要是擅自从耕地上取土, 使耕地的种植条件降低

或者损坏的，无论是从自家地还是他人地里取土，都违反了相关法律规定，应当承担相应的法律后果。

◆ **法律条文**

《中华人民共和国土地管理法》

第三十七条第二款 禁止占用耕地建窑、建坟或者擅自在耕地上建房、挖砂、采石、采矿、取土等。

第七十五条 违反本法规定，占用耕地建窑、建坟或者擅自在耕地上建房、挖砂、采石、采矿、取土等，破坏种植条件的，或者因开发土地造成土地荒漠化、盐渍化的，由县级以上人民政府自然资源主管部门、农业农村主管部门等按照职责责令限期改正或者治理，可以并处罚款；构成犯罪的，依法追究刑事责任。

🔍 深度解析

占用耕地建窑、建坟或者擅自在耕地上建房、挖砂、采石、采矿、取土等行为，对耕地破坏较为严重，属于应当严格限制的行为。依据有关法律规定，这类活动必须依法经批准才能进行；未经批准或骗取批准，擅自从事这类活动，使种植条件受到破坏的，应负相应的法律责任。

11. 闲置耕地一年以上违法吗？对此如何处理？

◆ **案例分析**

　　某市为了招商引资，促进经济发展，将城东一片土地进行开发利用。某公司看好该城市投资政策和发展优势，拟在该地投资建厂。因需要占用部分耕地，该公司依法向有关部门申请并办理相关手续，但是还未动土就赶上公司出现危机，资金周转困难。占用的耕地被闲置了一年。那么，闲置耕地一年是违法行为吗？对此该怎样处理？法律又是怎样规定的？

　　现实生活中，经常会发生已经办理审批手续的非农建设占用耕地被荒置的情况，一方面这些耕地已经依法办理土地用途变更手续，无法再耕种了；另一方面这些耕地合法转换用途后又被无期限地荒置下来，没有被利用。那么，闲置耕地的行为违法吗？答案是肯定的。

　　《土地管理法》第三十八条第一款明确规定，禁止任何单位和个人闲置、荒芜耕地。已经办理审批手续的非农业建设占用耕地，一年内不用而又可以耕种并收获的，应当由原耕种该幅耕地的集体或者个人恢复耕种，也可以由用地单位组织耕种；一年以上未动工建设的，应当按照省、自治区、直辖市的规定缴纳闲置费；连续二年未使用的，经原批准机关批准，由县级以上人民政府无偿收回用地单位的土地使用权；该幅土地原为农民集体所有的，应当交由原农村集体经济组织恢复耕种。

此外，根据《城市房地产管理法》第二十六条的规定，以出让方式取得土地使用权进行房地产开发的，必须按照土地使用权出让合同约定的土地用途、动工开发期限开发土地。超过出让合同约定的动工开发日期满一年未动工开发的，可以征收相当于土地使用权出让金百分之二十以下的土地闲置费；满二年未动工开发的，可以无偿收回土地使用权；但是，因不可抗力或者政府、政府有关部门的行为或者动工开发必需的前期工作造成动工开发迟延的除外。

◆ 法律条文

《中华人民共和国土地管理法》

第三十八条 禁止任何单位和个人闲置、荒芜耕地。已经办理审批手续的非农业建设占用耕地，一年内不用而又可以耕种并收获的，应当由原耕种该幅耕地的集体或者个人恢复耕种，也可以由用地单位组织耕种；一年以上未动工建设的，应当按照省、自治区、直辖市的规定缴纳闲置费；连续二年未使用的，经原批准机关批准，由县级以上人民政府无偿收回用地单位的土地使用权；该幅土地原为农民集体所有的，应当交由原农村集体经济组织恢复耕种。

在城市规划区范围内，以出让方式取得土地使用权进行房地产开发的闲置土地，依照《中华人民共和国城市房地产管理法》的有关规定办理。

《中华人民共和国城市房地产管理法》

第二十六条 以出让方式取得土地使用权进行房地产开发的，

必须按照土地使用权出让合同约定的土地用途、动工开发期限开发土地。超过出让合同约定的动工开发日期满一年未动工开发的，可以征收相当于土地使用权出让金百分之二十以下的土地闲置费；满二年未动工开发的，可以无偿收回土地使用权；但是，因不可抗力或者政府、政府有关部门的行为或者动工开发必需的前期工作造成动工开发迟延的除外。

深度解析

　　长期以来，我国城市土地利用效率低下，浪费严重。一方面土地在大量闲置，另一方面建设工程又在大量占用耕地，造成土地资源的更大浪费，加剧了我国人多地少的矛盾。因此，一年以上未动工建设的，应当受到缴纳闲置费的经济处罚，其目的在于用经济手段来约束用地者的行为；对于两年未使用的，用地者的土地使用权将由政府无偿收回，若该幅土地原为农民集体所有的，应当交由原农村集体经济组织恢复耕种，以体现对用地者的严厉处罚。

12. 个人可以开发荒山吗？可以的话需要办理什么手续？

◆ **案例分析**

于某是山区里的孩子，大学毕业后不顾家人的劝阻，坚决回到家乡创业。于某非常喜欢大山，认为村头那座荒山其实非常适合种植果树，便着手开发荒山。父母劝他放弃，理由是土地都是国家的，不让个人轻易开发。但于某有一定的法律常识，认为法律好像没有禁止个人开发荒山，但需要某些审批程序，于是向村干部咨询相关问题。那么，于某的观点是正确的吗？他需要办理什么手续呢？

如果是未确定使用权的荒山，于某可以向该县人民政府申请开发利用所在村的荒山，得到该县政府的批准后就可以在荒山上种果树了。根据《土地管理法》第四十一条的规定，开发未确定使用权的国有荒山、荒地、荒滩从事种植业、林业、畜牧业、渔业生产的，经县级以上人民政府依法批准，可以确定给开发单位或者个人长期使用。

◆ **法律条文**

《中华人民共和国土地管理法》

第四十一条 开发未确定使用权的国有荒山、荒地、荒滩从事种植业、林业、畜牧业、渔业生产的，经县级以上人民政府依法批准，可以确定给开发单位或者个人长期使用。

第六十二条

……

农村村民住宅用地，由乡（镇）人民政府审核批准；其中，涉及占用农用地的，依照本法第四十四条的规定办理审批手续。

农村村民出卖、出租、赠与住宅后，再申请宅基地的，不予批准。

国家允许进城落户的农村村民依法自愿有偿退出宅基地，鼓励农村集体经济组织及其成员盘活利用闲置宅基地和闲置住宅。

……

深度解析

　　开发国有荒山、荒地、荒滩从事种植业、林业、畜牧业、渔业生产，是增加农用地面积、促进后备资源开发的重要途径，但是应当经县级以上人民政府依法批准。同时为了鼓励单位和个人对国有荒山、荒地、荒滩进行农业开发，法律规定，对于开发出来的土地，可以确定给开发单位或者个人长期使用。

13. 因施工建设不小心破坏耕地的，应该怎么弥补？

◆ **案例分析**

某公司承建某市水利工程，在土地挖掘过程中造成了临村大面积耕地塌陷。经调查，原因为事前评估疏忽。事发后，很多村民的土地因此严重受损，不仅当年收成所剩无几，而且来年的种植都成了问题。该公司各项手续齐全，工程进行中也无不妥之处，但该损失应由谁来弥补？怎样弥补？

本案涉及因过失破坏耕地时的法律责任问题，该公司应当按照国家规定负责复垦；没有条件复垦或者复垦不符合要求的，还应当缴纳土地复垦费用。对此，《土地管理法》第四十三条有明确规定："因挖损、塌陷、压占等造成土地破坏，用地单位和个人应当按照国家有关规定负责复垦；没有条件复垦或者复垦不符合要求的，应当缴纳土地复垦费，专项用于土地复垦。复垦的土地应当优先用于农业。"

◆ **法律条文**

《中华人民共和国土地管理法》

第四十三条 因挖损、塌陷、压占等造成土地破坏，用地单位和个人应当按照国家有关规定负责复垦；没有条件复垦或者复垦不符合要求的，应当缴纳土地复垦费，专项用于土地复垦。复垦的土地应当优先用于农业。

深度解析

　　土地复垦是指对在生产建设过程中，因挖损、塌陷、压占等造成破坏的土地，采取整治措施，使其恢复到可供利用状态的活动。土地复垦是确保我国耕地总量动态平衡的又一个重要措施。土地复垦按照"谁破坏，谁复垦"的原则，由造成土地破坏的单位和个人承担土地复垦义务。有条件复垦为耕地的，应首先复垦为耕地，以便能真正增加耕地面积。

14. 土地使用权发生争议应如何解决？

◆ **案例分析**

肖家庄的老肖家有两儿一女，女儿早已出嫁，大儿子大肖进城打工，土地由二儿子小肖代为种植。由于大儿子多年来一直在外打工，于是在村里重新分地的时候，二儿子征得哥哥口头同意后将哥哥的土地划为自己使用。不久前，由于农业政策调整，土地福利提高，大哥因为自己的地被弟弟种了而非常生气，也不承认弟弟说自己曾口头同意的说法，要找政府理论。那么，土地使用权发生争议应如何解决？

根据《土地管理法》第十四条第一款、第二款的规定，因土地所有权和使用权产生争议，由当事人协商解决；协商不成的，由人民政府处理。单位之间的争议，由县级以上人民政府处理；个人之间、个人与单位之间的争议，由乡级人民政府或者县级以上人民政府处理。也就是说，对于大肖和小肖这两个主体的争议，首先应是二人协商解决。对于无法协商的情况，就需要找土地登记造册发证的政府来解决，即由乡级人民政府或者县级以上人民政府来做出具体处理。

◆ **法律条文**

《中华人民共和国土地管理法》

第十四条第一款、第二款 土地所有权和使用权争议，由当事人协商解决；协商不成的，由人民政府处理。

　　单位之间的争议，由县级以上人民政府处理；个人之间、个人与单位之间的争议，由乡级人民政府或者县级以上人民政府处理。

深度解析

　　关于土地权属争议，争议发生后先由当事人之间协商解决，各方在自愿互谅的基础上，依照法律的规定，自行磋商解决，达成一致意见则协商成功。协商不成时则由人民政府处理。人民政府收到争议案件后，一般先对当事人进行调解，调解不成的进行行政裁决。

15. 对人民政府就土地权属争议处理不服的，可以向法院起诉吗？

◆ 案例分析

某村村民刘大爷有三间平房，去世后平均分给了三个女儿。其中刘大姐和刘二姐均在县城工作，长年不回家，小妹刘三姐则嫁在本村。村里确定三间房的宅基地使用权时，小妹刘三姐拿出一份父亲写的遗书，证明自己应享有两间房的宅基地使用权。三姐妹协商不成，找政府处理，政府作出的行政裁决认可了小妹拿出的遗书，确认其中两间房的宅基地使用权归其所有。但刘大姐和刘二姐不服该处理，那么，她们可以向法院起诉吗？

本案中刘大姐和刘二姐对于政府的处理不服，还是有救济途径的。根据《土地管理法》第十四条第三款的规定，当事人对有关人民政府的处理决定不服的，可以自接到处理决定通知之日起三十日内，向人民法院起诉。也就是说，对于该宅基地使用权确权纠纷的处理，除了协商和找政府处理之外，再不服的，当事人还可以依法起诉至法院寻求救济。所以刘大姐和刘二姐可以在接到政府处理决定后进行行政诉讼，但要注意时效，须在接到处理决定之日起三十日内起诉。

◆ 法律条文

《中华人民共和国土地管理法》

第十四条第三款 当事人对有关人民政府的处理决定不服的，可以自接到处理决定通知之日起三十日内，向人民法院起诉。

☼ 深度解析

当事人对人民政府有关土地权属争议的处理不服的，必须在法律规定的三十日内向人民法院提起诉讼，该诉讼属于行政诉讼。若超过此期限，该决定即产生法律效力，当事人必须履行该处理决定。需要注意的是，在土地所有权和使用权争议解决以前，任何一方不得改变土地利用现状；人民政府在争议解决前，也不应进行土地登记。

第三章
农村土地承包法律知识

农民法律知识学习手册

维护承包方的土地承包
经营权，不得非法变更、
解除承包合同

尊重承包方的生产经营
自主权，不得干涉承包
方依法进行正常的生产
经营活动

依照承包合同约定为承
包方提供生产、技术、
信息等服务

执行县、乡（镇）土地
利用总体规划，组织本
集体经济组织内的农业
基础设施建设

法律、行政法规规定的
其他义务

义务

农村土地承包中发
包方的权利义务

权利

发包本集体所有的或
者国家所有依法由本
集体使用的农村土地

监督承包方依照承包
合同约定的用途合理
利用和保护土地

制止承包方损害承包
地和农业资源的行为

法律、行政法规规定
的其他权利

农村土地承包中承包方
（农户）的权利义务

权利

依法享有承
包地使用、
收益的权利，
有权自主组
织生产经营
和处置产品

依法互
换、转
让土地
承包经
营权

依法流
转土地
经营权

承包地被
依法征收、
征用、占
用的，有
权依法获
得相应的
补偿

法律、行
政法规规
定的其他
权利

义务

维持土地
的农业用
途，未经
依法批准
不得用于
非农建设

依法保护
和合理利
用土地，
不得给土
地造成永
久性损害

法律、行
政法规规
定的其他
义务

承包方案经本集体经
济组织成员的村民会
议三分之二以上成员
或者三分之二以上村
民代表的同意

农村土地承包原则

承包程序合法

按照规定统一组织承包时，本
集体经济组织成员依法平等地
行使承包土地的权利，也可以
自愿放弃承包土地的权利

民主协商，公平合理

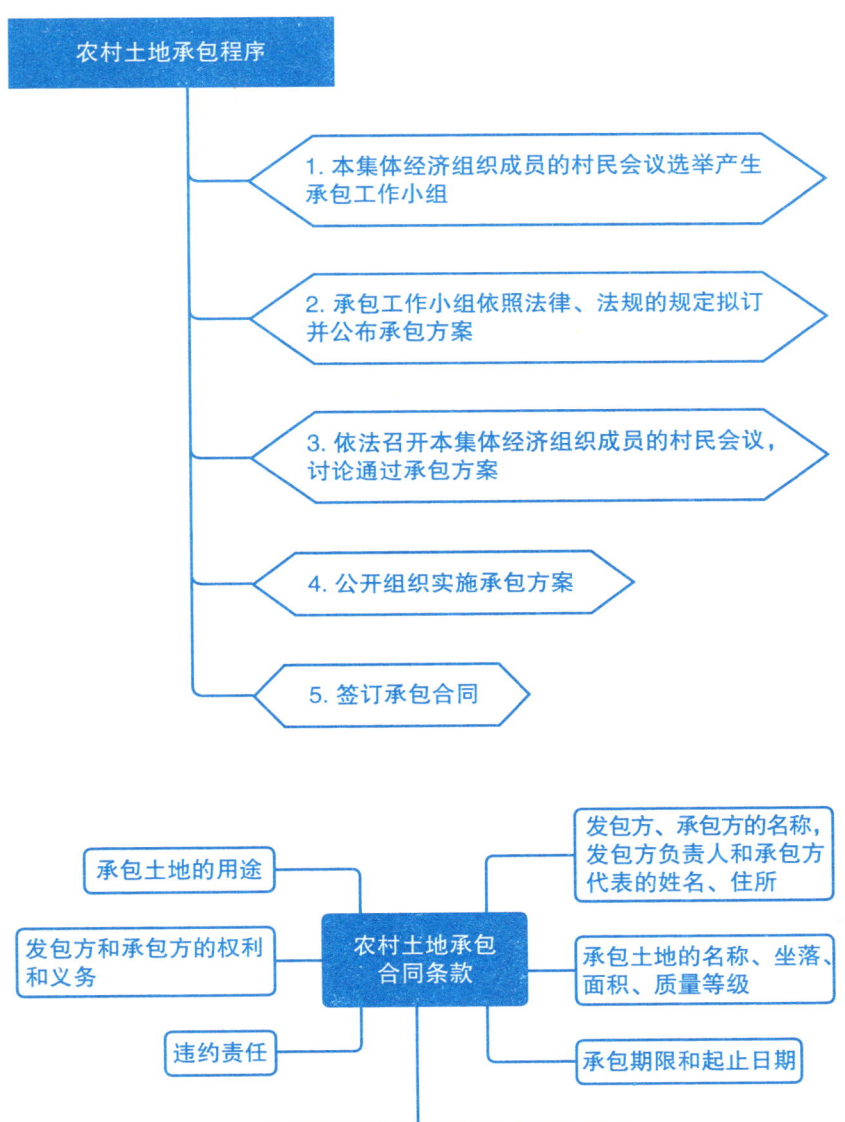

农村土地经营权流转原则
- 依法、自愿、有偿，任何组织和个人不得强迫或者阻碍土地经营权流转
- 不得改变土地所有权的性质和土地的农业用途，不得破坏农业综合生产能力和农业生态环境
- 流转期限不得超过承包期的剩余期限
- 受让方须有农业经营能力或者资质
- 在同等条件下，本集体经济组织成员享有优先权

农村土地经营权流转
- 土地经营权流转，当事人双方应当签订书面流转合同
  - 农村土地经营权流转合同条款
    - 双方当事人的姓名、住所
    - 流转土地的名称、坐落、面积、质量等级
    - 流转期限和起止日期
    - 流转土地的用途
    - 双方当事人的权利和义务
    - 流转价款及支付方式
    - 土地被依法征收、征用、占用时有关补偿费的归属
    - 违约责任
- 承包方将土地交由他人代耕不超过一年的，可以不签订书面合同

承包方可以单方解除农村土地经营权流转合同的情形

擅自改变土地的农业用途

给土地造成严重损害或者严重破坏土地生态环境

弃耕抛荒连续两年以上

其他严重违约行为

16. 家庭承包中的承包人享有什么权利，承担什么义务？

◆ 案例分析

　　张某高中毕业后没有读大学，在家娶妻生子后便过上了小日子。由于年纪小，张某对田地里的事情有很多不懂的地方，经常去请教父母。恰好有次赶上村里重新划分责任田，张某想着自己年轻力壮，便承包了一大片农田，打算进行规模种植。受过学校教育的张某有一定的法律意识，认为弄清自己的权利义务很重要，便向父亲询问。而文化水平不高的老张心里清楚但嘴上说不清楚，只说了句"不能用地干别的事"。那么，法律规定家庭承包中的承包人享有什么权利，又应承担什么义务呢？

　　概括来讲，农村家庭承包经营是指由农民承包集体经济组织的土地等生产资料，自主自行进行经营的生产方式。家庭承包经营是集体经济组织内部的一个经营层次，是"家庭承包经营为基础，统分结合双层经营体制"的重要基础。根据《农村土地承包法》第十六条第一款的规定，家庭承包的承包方是本集体经济组织的农户。那么，作为承包方的农户享有哪些权利，又应当承担哪些义务呢？

　　根据该法第十七条、第十八条的规定，承包方享有以下权利：
（1）承包地使用、收益的权利，有权自主组织生产经营和处置产品；

（2）互换、转让土地承包经营权，流转土地经营权；（3）承包地被依法征收、征用、占用的，有权依法获得相应的补偿；（4）法律、行政法规规定的其他权利。同时，承包方也应当承担以下义务：（1）维持土地的农业用途，未经依法批准不得用于非农建设；（2）依法保护和合理利用土地，不得给土地造成永久性损害；（3）法律、行政法规规定的其他义务。

◆ **法律条文**

《中华人民共和国农村土地承包法》

第十六条第一款　家庭承包的承包方是本集体经济组织的农户。

第十七条　承包方享有下列权利：

（一）依法享有承包地使用、收益的权利，有权自主组织生产经营和处置产品；

（二）依法互换、转让土地承包经营权；

（三）依法流转土地经营权；

（四）承包地被依法征收、征用、占用的，有权依法获得相应的补偿；

（五）法律、行政法规规定的其他权利。

第十八条　承包方承担下列义务：

（一）维持土地的农业用途，未经依法批准不得用于非农建设；

（二）依法保护和合理利用土地，不得给土地造成永久性损害；

（三）法律、行政法规规定的其他义务。

🔍 深度解析

　　维护农村土地承包方的合法权益是《农村土地承包法》的一个重要目的。至于承包方到底享有哪些权利，我国以前各地规定是不完全相同的。为了使农民的土地权益得以实现，切实保障农村的长治久安，《农村土地承包法》规定了承包方依法应当享有的基本权利。这些权利是基本权利，即使在承包合同中没有约定，承包方也依法享有这些权利。任何组织和个人侵害承包方权利的，都要依法承担相应的法律责任。当然，法律也规定了承包方依法应当履行的义务。承包方在土地承包期间应当认真履行法定义务，保护农村土地。

17. 农村土地承包合同的内容包括哪些方面?

◆ **案例分析**

　　牛某家世代务农,日子虽然不富裕,但也还过得去。可惜天有不测风云,一天,牛某唯一的儿子骑摩托车进城买种子,与一辆轿车相撞,经抢救无效去世了。牛某强忍着中年丧子的悲痛办理了儿子的后事。在处理土地等事宜时,村委会要求牛某出示儿子承包地的合同书,牛某不解,自己好像不记得有什么合同书,村里的地也分得清清楚楚的。那么,农村土地承包合同应该是书面的吗?合同里都写了什么内容?

　　农村土地承包合同应该是书面的。承包合同,是指发包方与承包方为承包经营某一财产,明确双方权利义务而订立的协议。双方签订书面协议是合同成立的证据,使之在法律上得到相应的效力,受到法律的保护。同时,书面协议是合同生效的条件,也为合同的履行提供了合法的依据。根据《农村土地承包法》第二十二条的规定,农村土地承包应当签订书面承包合同。

　　为了更好地履行合同,避免发生争议,该法也明确规定了合同应当必备的条款:(1)发包方、承包方的名称,发包方负责人和承包方代表的姓名、住所;(2)承包土地的名称、坐落、面积、质量等级;(3)承包期限和起止日期;(4)承包土地的用途;(5)发包方和承包方的权利和义务;(6)违约责任。除此之外,发包方和

承包方还可以在法律规定的范围内，协商约定其他合同条款。一旦合同双方签订成立承包合同，合同即生效，承包方依法取得该地块的土地承包经营权。

◆ 法律条文

《中华人民共和国农村土地承包法》

第二十二条 发包方应当与承包方签订书面承包合同。

承包合同一般包括以下条款：

（一）发包方、承包方的名称，发包方负责人和承包方代表的姓名、住所；

（二）承包土地的名称、坐落、面积、质量等级；

（三）承包期限和起止日期；

（四）承包土地的用途；

（五）发包方和承包方的权利和义务；

（六）违约责任。

第二十三条 承包合同自成立之日起生效。承包方自承包合同生效时取得土地承包经营权。

深度解析

土地承包经营权是我国农民重要的权利之一，涉及亿万农民的切身利益，关系到农业、农村经济发展和农村社会稳定。目前侵犯土地承包经营权的情况比较多，采用书面形式订立土地承包合同，明确肯定，有据可查，有利于明确双方的权利义务，有利于预防争议的产生和解决纠纷，也有利于对农村土地承包行为的规范和承包合同的管理。

18. 迁入城区并转为非农户口的，承包的土地应该交回吗？

◆ **案例分析**

某村村民罗某一家世代务农，老罗夫妇俩承包了村东 23 亩耕地，省吃俭用供儿子读大学。儿子小罗也非常争气，大学毕业后成功考入了该市科技局，成为一名公务员。工作几年后，小罗攒钱在该市市区购买了一处楼房，接父母同住。小罗不想让父母再种地操劳，于是给父母办理了农转非户口，全家都迁到了市区。那么，老罗承包的 23 亩耕地应该交回吗？

根据我国法律规定，在承包期内，发包方一般不得收回承包地。但是，《农村土地承包法》第二十七条有例外规定，即在承包期内，如果承包方全家进城落户的，应引导承包方按自愿有偿原则在本集体经济组织内转让土地承包经营权，或将承包地交回发包方，或鼓励其流转土地经营权。在承包方依法交回承包地或者发包方依法收回承包地时，承包方对其在承包地上投入而提高土地生产能力的，有权获得相应的补偿。本案中，罗某一家已经全部迁入城市，属于该规定所说的进城落户的情形。对于罗某家承包的土地，发包方应当引导其在本村内进行转让或流转，也可以将耕地交回发包方。可见，罗某一家不一定要交回耕地。

◆ 法律条文

《中华人民共和国农村土地承包法》

第二十七条 承包期内，发包方不得收回承包地。

国家保护进城农户的土地承包经营权。不得以退出土地承包经营权作为农户进城落户的条件。

承包期内，承包农户进城落户的，引导支持其按照自愿有偿原则依法在本集体经济组织内转让土地承包经营权或者将承包地交回发包方，也可以鼓励其流转土地经营权。

承包期内，承包方交回承包地或者发包方依法收回承包地时，承包方对其在承包地上投入而提高土地生产能力的，有权获得相应的补偿。

深度解析

保持土地承包关系的长期稳定，不得随意调整和收回承包地，是《农村土地承包法》的立法思想。除法律对承包地的收回有特别规定外，在承包期内，无论承包方发生怎样的变化，只要作为承包方的家庭户还存在，发包方就不得收回承包地。对进城落户的居民，可根据本人意愿，对其承包地作出处理，其可以依法转让土地承包经营权，也可以流转土地经营权，还可以将承包地交回给发包方。

19. 因自然灾害导致承包地严重受损，发包方可以调整承包地吗？

◆ **案例分析**

　　村民齐某于 2000 年承包了本村 30 亩良田，承包期为 30 年。可惜，2019 年齐某承包的土地因一场洪灾受灾严重，不仅当年的庄稼所剩无几，之后几年也无法耕种。齐某非常着急，因为他们一家四口全靠这片地维持生计。齐某找到村委会，想知道这种情况下村里是否可以为其调整承包地。请问因自然灾害导致承包地严重受损的，可以重新调整吗？

　　本案中，齐某承包的土地因受洪灾影响严重毁损，无法继续耕种，作为发包方的村委会可以对双方之间承包的土地进行适当的调整，但必须经过法定的程序。当然，如果当事人签订承包合同时，在合同中约定不得调整承包地的，则发包方不得调整。我国法律明确规定，承包期内，发包方不得调整承包地，但是《农村土地承包法》第二十八条也有一项例外规定，即因自然灾害严重毁损承包地等特殊情况发生时，发包方可以依法调整承包地。但是，发包方需要对个别农户之间承包的耕地和草地进行适当调整的，必须经本集体经济组织成员的村民会议三分之二以上成员或者三分之二以上村民代表的同意，并报乡（镇）人民政府和县级人民政府农业农村、林业和草原等主管部门批准，否则，发包方在承包期内，不得随意调整承包地。当然，如果承包合同中约定不得调整的，应当按照其约定处理。

◆ **法律条文**

《中华人民共和国农村土地承包法》

第二十八条　承包期内，发包方不得调整承包地。

承包期内，因自然灾害严重毁损承包地等特殊情形对个别农户之间承包的耕地和草地需要适当调整的，必须经本集体经济组织成员的村民会议三分之二以上成员或者三分之二以上村民代表的同意，并报乡（镇）人民政府和县级人民政府农业农村、林业和草原等主管部门批准。承包合同中约定不得调整的，按照其约定。

深度解析

随意调整土地，不利于土地承包关系的稳定，也不利于农民对土地的长期投入，容易造成短期效应，是对土地生产力的破坏。但在相当长的承包期内，农村的变化很大，完全不允许调整也不现实，因此法律规定了在特殊情况下对个别农户之间的承包地进行必要的"小调整"。调整必须经过法定的程序，未经法定程序不得调整。同时，承包合同中约定不得调整的，也不得调整。

20. 农村承包经营的土地可以出租吗？都需要注意什么？

◆ **案例分析**

老刘夫妻只生养了一个儿子小峰，多年来老两口靠种几亩薄田供一家人生活和小峰上学。小峰考上大学后，老两口感觉种地的收入无法维持家里的开支，便打算到城里打工，给儿子攒学费，于是家里的地便没人种了。商量之后，老两口决定将地租出去，这样既不会浪费土地，又能有些收入。等他们不打工了，还能回家继续种地。那么，农村承包经营的土地可以出租吗？都需要注意什么？

可以出租。根据《农村土地承包法》第三十六条、第三十八条的规定，我国允许土地经营权的合法流转，流转方式主要包括转包、出租、入股等。土地经营权流转的主体是承包方，其有权依法自主决定土地经营权是否流转和流转的方式。但是，土地经营权流转时必须遵循一定的原则，主要包括以下五大原则：（1）依法、自愿、有偿，任何组织和个人不得强迫或者阻碍承包方进行土地经营权流转；（2）不得改变土地所有权的性质和土地的农业用途，不得破坏农业综合生产能力和农业生态环境；（3）流转的期限不得超过承包期的剩余期限；（4）受让方须有农业经营能力或资质；（5）在同等条件下，本集体经济组织成员享有优先权。因此，在本案中，老刘夫妇可以将其承包的土地再出租给他人，但是，出租时，必须遵循土地流转的各项原则。

◆ 法律条文

《中华人民共和国农村土地承包法》

第三十六条　承包方可以自主决定依法采取出租（转包）、入股或者其他方式向他人流转土地经营权，并向发包方备案。

第三十八条　土地经营权流转应当遵循以下原则：

（一）依法、自愿、有偿，任何组织和个人不得强迫或者阻碍土地经营权流转；

（二）不得改变土地所有权的性质和土地的农业用途，不得破坏农业综合生产能力和农业生态环境；

（三）流转期限不得超过承包期的剩余期限；

（四）受让方须有农业经营能力或者资质；

（五）在同等条件下，本集体经济组织成员享有优先权。

🔍 深度解析

村民通过土地承包合同取得的农村土地承包经营权具有物权性质，具有长期性、稳定性，村民可以在承包的土地上放心地投入，获取丰厚的收益。农村土地承包经营权作为一种物权，具有可流转性。在稳定家庭承包经营的基础上，国家允许土地承包经营权的合理流转，这是农业发展的客观要求，也是农村经济发展、农村劳动力转移的必然结果。

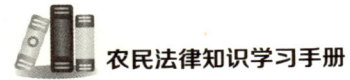

21. 土地承包经营权出租的租金，村委会有权要求分成吗？

◆ **案例分析**

几年前，于某承包了本村 30 亩耕地，承包期限为 30 年。由于踏实肯干，于某种的地不仅收成好，他还谈成了很多门生意。于是于某开始奔走做生意，准备将田地里种的粮食更好地卖出去。于某非常有经商天分，生意越做越大，反倒无暇顾及田地了。于是于某想把地租出去，自己安心做生意。邻居王某得知后告诉于某要记得分一点租金给村委会，不然他们会找于某的麻烦。王某的说法正确吗？村委会有权要于某的钱吗？

王某的说法错误，村委会无权要求分成。本案中，于某可以将自己依法承包的耕地转租给他人，而且该土地经营权出租的租金无须分给村委会，村委会也无权索取。我国允许土地经营权的依法合理流转，根据《农村土地承包法》第三十九条的规定，土地经营权流转的转包费、租金、转让费等价款，应当由当事人双方协商确定。流转的收益归承包方所有，任何组织和个人不得擅自截留、扣缴。因此，即使是村委会也不得违法收受或索要土地经营权的流转收益，而农户也无须将该收益分取一部分给村委会。

◆ 法律条文

《中华人民共和国农村土地承包法》

第三十九条　土地经营权流转的价款，应当由当事人双方协商确定。流转的收益归承包方所有，任何组织和个人不得擅自截留、扣缴。

> **深度解析**
>
> 《农村土地承包法》明确规定，土地经营权流转的收益归承包方所有。土地经营权流转的流转费，具体数额应当由双方在流转合同中协商确定，包括转包的转包费、出租的租金、转让的转让费等。任何组织和个人不得擅自截留、扣缴流转费，不得侵犯承包方的土地流转权益。

22. 土地经营权出租合同都包含哪些内容?

◆ **案例分析**

　　小刘高中毕业后便在家务农，积攒了一些积蓄后还是决定进城打工赚钱。于是将自己承包的 20 亩耕地转租给同村的老刘。老刘没什么文化，不懂法律，所以起草出租合同的重任都落在了小刘肩上。小刘虽然上过学，有一些法律常识，但起草合同还是头一次，从网上下载怕有问题，咨询律师又需要费用，小刘也有点发愁。那么，土地经营权出租合同都包含哪些内容呢?

　　本案中，小刘与老刘协商出租土地经营权时，应当签订书面流转合同，依法确定合同必备条款，双方还可以协商确定其他补充条款，合同签订后还应当报发包方备案。根据《农村土地承包法》第四十条的规定，除承包方将土地交由他人代耕不超过一年的情形外，流转土地经营权的，当事人应当签订书面合同。土地经营权流转合同一般包括以下内容：（1）双方当事人的姓名、住所；（2）流转土地的名称、坐落、面积、质量等级；（3）流转的期限和起止日期；（4）流转土地的用途；（5）双方当事人的权利和义务；（6）流转价款及支付方式；（7）土地被依法征收、征用、占用时有关补偿费的归属；（8）违约责任。

◆ **法律条文**

《中华人民共和国农村土地承包法》

第三十四条　经发包方同意，承包方可以将全部或者部分的土地承包经营权转让给本集体经济组织的其他农户，由该农户同发包方确立新的承包关系，原承包方与发包方在该土地上的承包关系即行终止。

第三十六条　承包方可以自主决定依法采取出租（转包）、入股或者其他方式向他人流转土地经营权，并向发包方备案。

第四十条　土地经营权流转，当事人双方应当签订书面流转合同。

土地经营权流转合同一般包括以下条款：

（一）双方当事人的姓名、住所；

（二）流转土地的名称、坐落、面积、质量等级；

（三）流转期限和起止日期；

（四）流转土地的用途；

（五）双方当事人的权利和义务；

（六）流转价款及支付方式；

（七）土地被依法征收、征用、占用时有关补偿费的归属；

（八）违约责任。

承包方将土地交由他人代耕不超过一年的，可以不签订书面合同。

深度解析

　　土地经营权流转合同应采取书面形式，以明确双方的权利义务，减少纠纷。流转合同除需经双方当事人签字外，采取转让方式流转的，该转让合同应当经发包方同意，否则转让合同不成立。采用其他方式流转的，无须经发包方同意，但应报发包方备案。土地经营权流转合同除需包含法律规定的"一般条款"外，双方还可以约定其他内容。

23. 按照我国法律，土地承包经营权互换必须进行登记吗？

◆ **案例分析**

村民赵某在村东头有 30 亩地，老两口靠这 30 亩地生活、养育独子。儿子长大后娶妻生子，在村西头盖了敞亮的新房，老两口经常去住。随着二人年事渐高，儿子担心老两口的身体，干脆将二老接过来同住。但赵某夫妻二人还想继续种地，毕竟是笔收入。整日来往村东村西不太现实，经协商决定与老张头村西的 30 亩地互换。在老张头的要求下，双方到县政府有关部门办理了登记。那么，农村土地承包经营权互换必须进行登记吗？

根据《农村土地承包法》第三十三条的规定，为方便耕种或各自需要，承包方之间可以对属于同一集体经济组织的土地的土地承包经营权进行互换，但需要向发包方备案，当事人可以选择是否向登记机构申请登记，若不登记，互换行为不能对抗善意第三人。也就是说，当土地经营权通过互换方式流转时，法律并未强制要求当事人登记。但未经登记的，不得对抗善意第三人。具体到本案中，赵某与老张头互换承包地时，由于老张头要求申请登记，经二人协商一致之后，双方可以向登记机构申请登记。若未达成一致意见，也可以不登记。

◆ **法律条文**

《中华人民共和国农村土地承包法》

第三十三条 承包方之间为方便耕种或者各自需要，可以对属于同一集体经济组织的土地的土地承包经营权进行互换，并向发包方备案。

第三十五条 土地承包经营权互换、转让的，当事人可以向登记机构申请登记。未经登记，不得对抗善意第三人。

深度解析

对土地承包经营权的流转进行登记，主要目的在于将土地承包经营权变动的事实予以公示，使他人明确土地承包经营权的权利人。我国法律不强制土地承包经营权的当事人登记，这符合我国农村土地的现状，符合广大农民的利益。现实中，不登记有可能产生不利于受让人的法律后果，因此土地承包经营权的受让人为了更好地维护自身的权益，可要求办理流转登记。

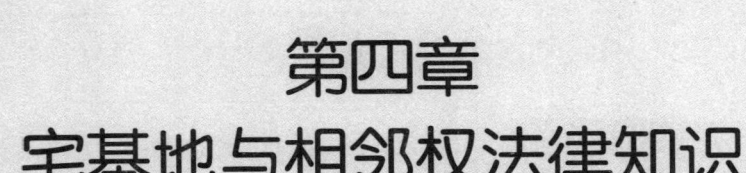

第四章
宅基地与相邻权法律知识

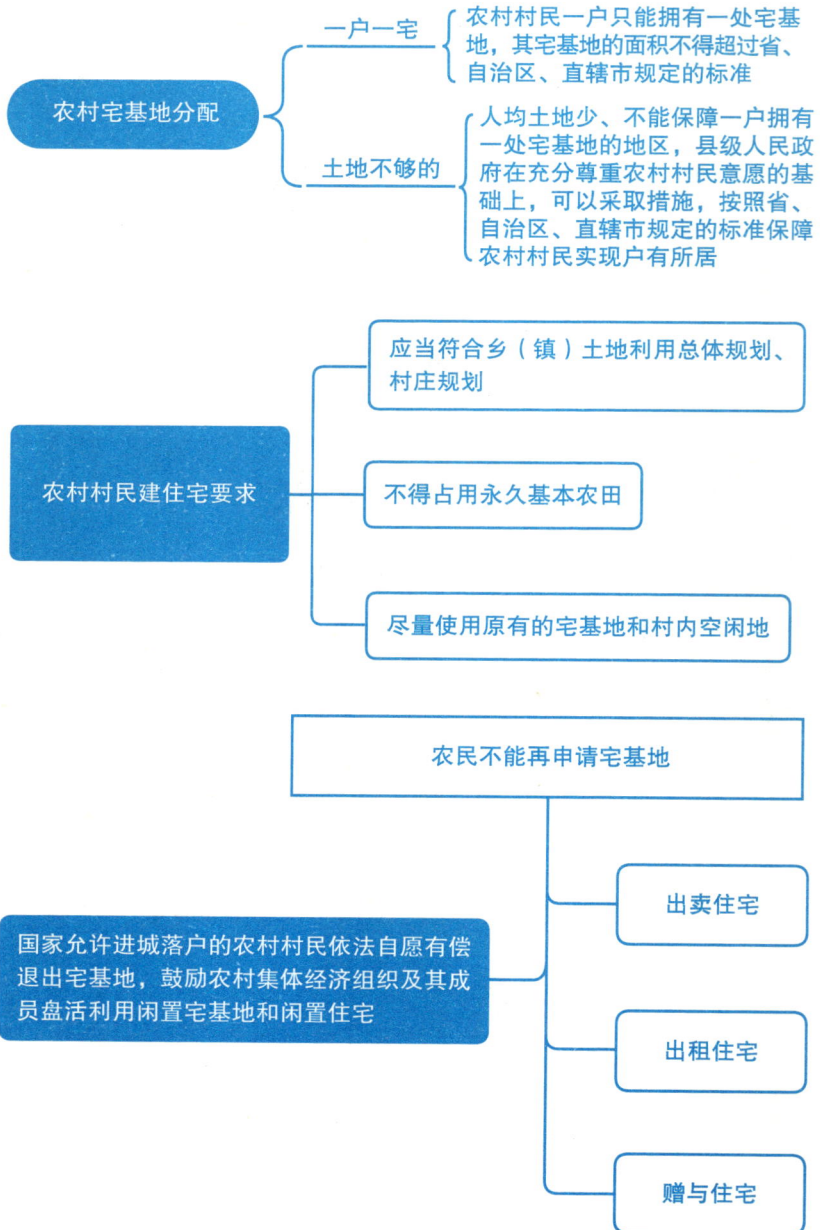

农村宅基地分配

一户一宅
农村村民一户只能拥有一处宅基地，其宅基地的面积不得超过省、自治区、直辖市规定的标准

土地不够的
人均土地少、不能保障一户拥有一处宅基地的地区，县级人民政府在充分尊重农村村民意愿的基础上，可以采取措施，按照省、自治区、直辖市规定的标准保障农村村民实现户有所居

农村村民建住宅要求

应当符合乡（镇）土地利用总体规划、村庄规划

不得占用永久基本农田

尽量使用原有的宅基地和村内空闲地

农民不能再申请宅基地

国家允许进城落户的农村村民依法自愿有偿退出宅基地，鼓励农村集体经济组织及其成员盘活利用闲置宅基地和闲置住宅

出卖住宅

出租住宅

赠与住宅

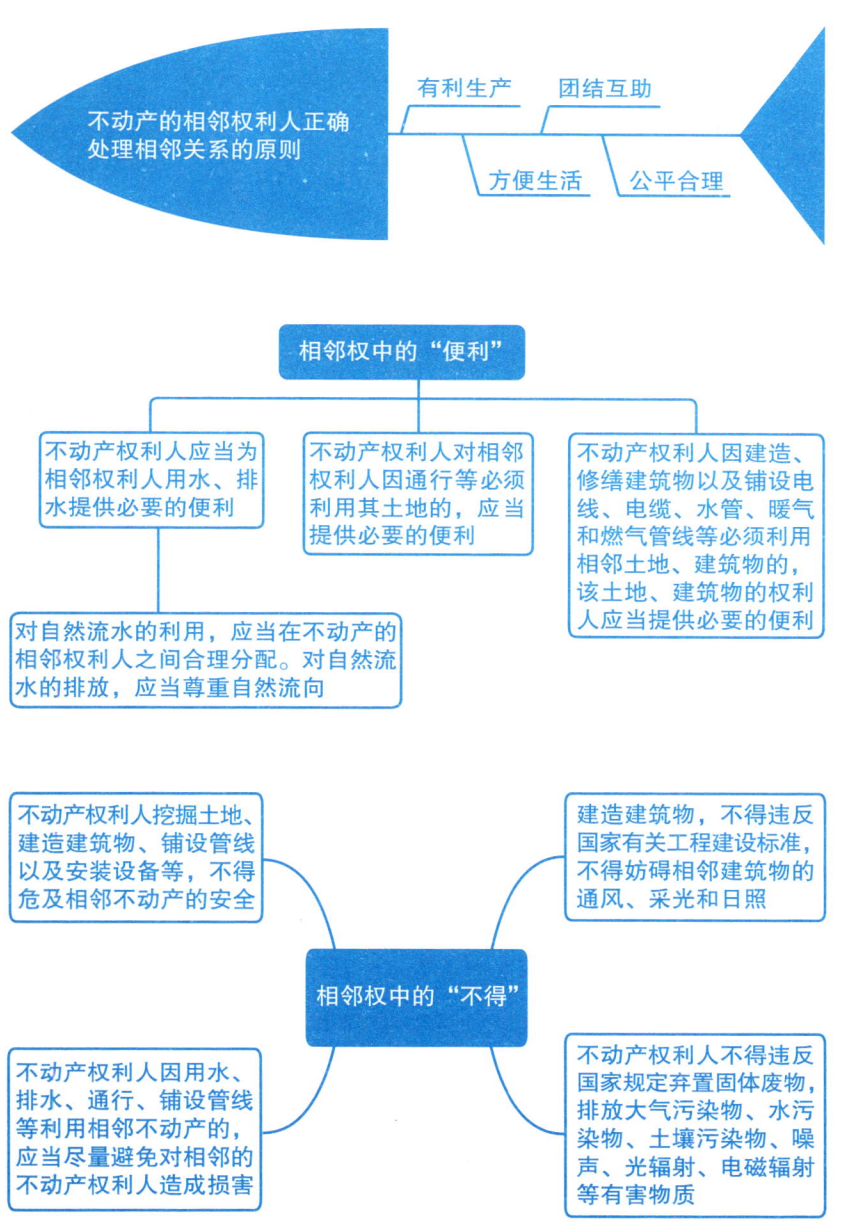

不动产的相邻权利人正确处理相邻关系的原则

有利生产　团结互助

方便生活　公平合理

相邻权中的"便利"

不动产权利人应当为相邻权利人用水、排水提供必要的便利

不动产权利人对相邻权利人因通行等必须利用其土地的，应当提供必要的便利

不动产权利人因建造、修缮建筑物以及铺设电线、电缆、水管、暖气和燃气管线等必须利用相邻土地、建筑物的，该土地、建筑物的权利人应当提供必要的便利

对自然流水的利用，应当在不动产的相邻权利人之间合理分配。对自然流水的排放，应当尊重自然流向

不动产权利人挖掘土地、建造建筑物、铺设管线以及安装设备等，不得危及相邻不动产的安全

建造建筑物，不得违反国家有关工程建设标准，不得妨碍相邻建筑物的通风、采光和日照

相邻权中的"不得"

不动产权利人因用水、排水、通行、铺设管线等利用相邻不动产的，应当尽量避免对相邻的不动产权利人造成损害

不动产权利人不得违反国家规定弃置固体废物，排放大气污染物、水污染物、土壤污染物、噪声、光辐射、电磁辐射等有害物质

24. 自己有宅基地，别人又送给自己一处，符合国家政策吗？

◆ 案例分析

大海和大明是亲兄弟，他们的父母去世的时候，大海作为哥哥才 15 岁，而大明更小，才 10 岁。大海辛苦拉扯弟弟长大成人，还给他娶了媳妇。大明跟着别人进城打工，后来又做生意赚了钱，还在城里买了房子。大明长期不回村，感念大哥的养育之恩，就将自己的宅基地送给了哥哥。就这样，大海有了两处宅基地。后来，大海偶然听说国家的政策是"一户一宅"。他特别想知道一户可不可以有两处宅基地？

由于土地资源的稀缺性和有限性，我国从法律上规定了农村村民一户只能拥有一处宅基地的"一户一宅"制度。根据《土地管理法》第六十二条第一款的规定，农村村民一户只能拥有一处宅基地，其宅基地的面积不得超过省、自治区、直辖市规定的标准。也就是说，在法律层面大海只能拥有一户宅基地，而且宅基地面积须符合当地标准。但是实践中，诸如继承祖辈遗产、接受他人馈赠、房屋买卖等途径，产生了很多一户多宅的现象。村民通过合法途径获得的多户宅基地，可能有的地方也进行了登记、核发了证书，但是这种做法缺乏明确的规定和依据，不符合《土地管理法》的规定。

◆ 法律条文

《中华人民共和国土地管理法》

第六十二条第一款　农村村民一户只能拥有一处宅基地，其宅基地的面积不得超过省、自治区、直辖市规定的标准。

深度解析

在我国，农村村民实行一户一宅制。即每户农村村民只能在一个地方拥有一处宅基地。这里需要说明的是一处宅基地不等于一宗地，宅基地是可以分开的，但面积应当累计计算。已拥有一处宅基地并达到规定面积标准的，不得购买住宅，也不得到其他地区购买农民集体所有土地的房屋作为住宅。因为农村居民只能在户口所在村内申请宅基地，不能到其他乡村申请宅基地。

25. 自家宅基地卖了以后，没有地方住，还可以再申请新的宅基地吗？

◆ **案例分析**

孙某是某村的村民，因为不甘心从土里刨食吃，就跟着别人进城打工。进城以后，他发现倒卖建筑材料特别挣钱，就把自己几年的积蓄都投进去准备大干一场。由于孙某市场估算错误，最后落了个血本无归。但是他不甘心，总想着要打一场漂亮的翻身仗，为了筹集资金就把自己在村里的宅基地卖了。孙某一家暂时挤在父母的家里，生活特别不方便。孙某就想着再申请一处宅基地。请问出卖自家宅基地后，还可以再通过申请得到新的宅基地吗？

根据《土地管理法》第六十二条第五款的规定，农村村民出卖、出租、赠与住宅后，再申请宅基地的，不予批准。也就是说，孙某出卖了自己家的宅基地后，不可以再通过申请得到新的宅基地。这是因为我国宅基地是无偿提供给农民居住的，具有福利性质。当村民将自己的宅基地出卖、出租后，就相当于用宅基地谋取了利益。如果允许其再申请，免费再为其提供宅基地居住，对其他村民显然不公平，而且不符合我国的土地管理法规和制度以及我国土地国情。所以农村村民出卖、出租住房后，再申请宅基地的，采取的是不予批准的对策。

◆ 法律条文

《中华人民共和国土地管理法》

第六十二条第五款　农村村民出卖、出租、赠与住宅后，再申请宅基地的，不予批准。

深度解析

　　农村村民出卖、出租住房后，再申请宅基地的，不予批准。这是为了防止农村村民以建住宅为名搞房地产而采取的措施。但村（村民组）内有两户的宅基地都未达到标准，而进行宅基地调剂，由其中一户申请宅基地的，不属于这种情况，经村民会议讨论同意可以依法申请宅基地。

26. 农村村民将住宅擅自建在自家田地上，会受到怎样的处罚？

◆ **案例分析**

朱某的儿子到了结婚的年龄，通过别人介绍认识了邻村的姑娘小美。两个人经过一段时间接触，都觉得对方是自己要找的人，就决定结婚。但是小美提出，婚后不和公婆一起住，必须有自己的新房子。朱某没办法，只好在自家的田地上给儿子盖了结婚的新房子。其间村委会来找，称朱某是擅自建造住宅，不符合法律规定，会受到处罚。村民在自家田地上擅自建住宅的，会有怎样的后果？

根据《土地管理法》第七十七条的规定，村民未经批准或者采取欺骗手段骗取批准，非法占用土地的，由县级以上人民政府自然资源主管部门责令退还非法占用的土地，对违反土地利用规划，擅自将农用地改为建设用地的，限期拆除在非法占用的土地上新建的房屋和其他设施，恢复原状，对符合土地利用总体规划的，没收在非法占用的土地上新建的建筑物和其他设施，可以并处罚款；对非法占用土地单位的直接负责的主管人员和其他直接责任人员，依法给予处分；构成犯罪的，依法追究刑事责任。此外，超过批准的数量占用土地的，多占的土地以非法占用土地论处。也就是说，朱某未经批准在自家田地上修建房屋住宅，政府自然资源主管部门会责令其退还非法占用的土地，限期拆除在非法占用的土地上新建的房屋。

◆ 法律条文

《中华人民共和国土地管理法》

第七十七条　未经批准或者采取欺骗手段骗取批准，非法占用土地的，由县级以上人民政府自然资源主管部门责令退还非法占用的土地，对违反土地利用总体规划擅自将农用地改为建设用地的，限期拆除在非法占用的土地上新建的建筑物和其他设施，恢复土地原状，对符合土地利用总体规划的，没收在非法占用的土地上新建的建筑物和其他设施，可以并处罚款；对非法占用土地单位的直接负责的主管人员和其他直接责任人员，依法给予处分；构成犯罪的，依法追究刑事责任。

超过批准的数量占用土地，多占的土地以非法占用土地论处。

深度解析

《土地管理法》规定未经批准或者采取欺骗手段骗取批准，或者超过批准的数量，非法占用土地建住宅是要受到处罚的。其中采取欺骗手段骗取批准占地建住宅的行为，在实际生活中可以表现为许多不同的方式，例如故意弃耕，以使耕地荒芜，然后将耕地谎称为非农用地，以此"绕"过农用地转用审批，这种行为应当被认定为骗取批准的行为。

27. 宅基地的使用权可以单独转让吗？

◆ 案例分析

　　某村村民张某最近特别心烦，儿子突然称要在城里买房子结婚。张某一听犯了难，手中没有积蓄，怎么有钱给儿子在城里买房子呀？正在张某发愁的时候，同村的李某找到张某，称看中他的宅基地，愿意出5万元买宅基地使用权。张某无奈之下就和李某签订了宅基地使用权转让合同。但是李某动工建房的时候，村委会以宅基地是分给张某的为由阻止其建房。请问李某的宅基地使用权受法律保护吗？

　　李某的宅基地使用权不受法律保护，他与张某的宅基地转让协议无效。根据《民法典》第三百六十三条的规定，宅基地使用权的取得、行使和转让，适用土地管理的法律和国家有关规定。我国目前的司法实践中，农村宅基地使用权必须与宅基地上的房产一起流转，空白宅基地使用权不得转让、抵押和继承。本案中张某与李某签订的单独转让宅基地使用权的协议与我国现行法律及政策相抵触，所以应被认定为无效，李某无法依据该协议取得宅基地使用权。

◆ 法律条文

　　《中华人民共和国民法典》

　　第三百六十三条　宅基地使用权的取得、行使和转让，适用土地管理的法律和国家有关规定。

《中华人民共和国土地管理法》

第六十二条

……

农村村民住宅用地，由乡（镇）人民政府审核批准；其中，涉及占用农用地的，依照本法第四十四条的规定办理审批手续。

农村村民出卖、出租、赠与住宅后，再申请宅基地的，不予批准。

国家允许进城落户的农村村民依法自愿有偿退出宅基地，鼓励农村集体经济组织及其成员盘活利用闲置宅基地和闲置住宅。

……

深度解析

宅基地的使用权以房屋的合法存在而存在，并随着房屋所有权的转移而转移。房屋因继承、赠与、买卖等方式转让时，其使用范围内的宅基地使用权也随之转移。另外，农村村民获得宅基地的使用权，必须履行完备的申请手续，经有关部门批准后才能取得。所以在买卖房屋时，宅基地使用权也必须经过申请批准后才能随房屋转移。

28. 城镇居民在农村购置宅基地合法吗?

◆ **案例分析**

陈某是某市大公司的老板,特别喜欢田园生活,只要有时间就会去农村转一转。近期,公司的事情告一段落之后,他就带着家人到乡下旅游。到达一个小村庄的时候,他被那里优美的环境吸引了,萌生了退休以后来这里居住的想法。于是,他找到当地村委说出了自己的想法。村委经过协商把村里的一块空地作为宅基地划给陈某。条件是陈某必须出 5000 元使用费,还要在本村投资建厂。陈某能取得该村的宅基地使用权吗?

陈某不能取得该村的宅基地使用权。由于人多地少,我国实行严格的土地管理制度。宅基地是农民的基本生活保障,根据《土地管理法》第九条、第六十二条第一款的规定可知,宅基地属于农民集体所有,农村村民一户只能拥有一处宅基地。《国务院办公厅关于严格执行有关农村集体建设用地法律和政策的通知》提到:"农村住宅用地只能分配给本村村民,城镇居民不得到农村购买宅基地、农民住宅或'小产权房'。"《中央农村工作领导小组办公室、农业农村部关于进一步加强农村宅基地管理的通知》鼓励盘活利用闲置宅基地和闲置住宅,该通知明确:"在征得宅基地所有权人同意的前提下,鼓励农村村民在本集体经济组织内部向符合宅基地申请条件的农户转让宅基地。"可见,根据政策精神,宅基地使用权是可以转让的，但是，其转让有严格的条件，城镇居民不能在农村购置宅基地。关于农村宅基地能否向城市居民转让的问题，在司法实践中也采取禁止转让的做法。如果双方对此存在争议而诉至法院，法院会判决转让协议无效。本案中陈某是城镇居民，因此不能在农村取得宅基地。

◆ 法律条文

《中华人民共和国土地管理法》

第九条　城市市区的土地属于国家所有。

农村和城市郊区的土地，除由法律规定属于国家所有的以外，属于农民集体所有；宅基地和自留地、自留山，属于农民集体所有。

第六十二条第一款　农村村民一户只能拥有一处宅基地，其宅基地的面积不得超过省、自治区、直辖市规定的标准。

《国务院办公厅关于严格执行有关农村集体建设用地法律和政策的通知》（国办发〔2007〕71号）

……

农村住宅用地只能分配给本村村民，城镇居民不得到农村购买宅基地、农民住宅或"小产权房"。……

《中央农村工作领导小组办公室、农业农村部关于进一步加强农村宅基地管理的通知》（中农发〔2019〕11号）

……在征得宅基地所有权人同意的前提下，鼓励农村村民在本集体经济组织内部向符合宅基地申请条件的农户转让宅基地。……

深度解析

　　宅基地是农村村民依法取得用于建造住宅及其生活附属设施的集体建设用地。农村村民每户只能有一处不超过标准的宅基地，多出的宅基地，要依法收归集体所有。根据现行的农村土地政策，农村的土地和房屋不能自由转让，只能转让给本经济组织成员，不能转让给城镇居民，因此中共中央、国务院通过有关文件，多次强调禁止城镇居民在农村购置宅基地。

29. 因自然灾害致使宅基地上的房子倒塌，宅基地使用权还存在吗？

◆ 案例分析

王某是某村村民，该村四周群山环绕，一到雨季就容易发生泥石流、山体滑坡等自然灾害。今年发生了一次较大的泥石流，王某家未能幸免，房屋被冲塌。房子倒了后，村干部找到他，称按规定他家住宅原址要收回，如果要重建房屋，村里可以另给他一处宅基地。请问他原来宅基地的使用权还在吗？

王某原来的宅基地使用权消灭。根据《民法典》第三百六十四条的规定，宅基地因自然灾害等原因灭失的，宅基地使用权消灭。对失去宅基地的村民，应当依法重新分配宅基地。据此规定，本案中王某的房屋因泥石流而坍塌，他的宅基地使用权消灭。他可以申请重新分配宅基地，但分得的宅基地不能保证是他原来的宅基地。

◆ 法律条文

《中华人民共和国民法典》

第三百六十四条　宅基地因自然灾害等原因灭失的，宅基地使用权消灭。对失去宅基地的村民，应当依法重新分配宅基地。

深度解析

　　在发生自然灾害，原有宅基地不可能再用于建设住宅的情况下，该土地就不能作为宅基地使用，宅基地使用权消灭。因此，作为一种基本保障，就必须对丧失居住条件的集体成员提供新的宅基地，应当按照规定的标准分配给仍然属于本集体且丧失基本居住条件的农村村民的新的宅基地。

30. 自家施工导致邻居地基损坏，需要承担赔偿责任吗？

◆ 案例分析

唐某的儿子定于明年结婚，于是唐某和老伴儿商量把自家的房子翻新一下，给儿子结婚用。但是在翻新的过程中由于施工人员很不专业，导致与他相邻而居的孟某的房子地基下沉，墙体裂缝。孟某看到自家房子被损毁得这么厉害，真担心哪天会倒塌，于是找到唐某要求其赔偿。但是唐某称，自己在自己家里盖房子，也没有超过边界，没有义务赔偿。请问孟某能依法得到唐某的赔偿吗？

如果孟某家房屋损坏确实是唐某家施工所致，那么唐某应该给予孟某赔偿。根据《民法典》第二百九十五条的规定，不动产权利人挖掘土地、建造建筑物、铺设管线以及安装设备等，不得危及相邻不动产的安全。本案中，唐某翻新房屋的行为已经危及孟某房屋的安全，依法应当消除危险、恢复原状，并赔偿孟某损失。

◆ 法律条文

《中华人民共和国民法典》

第一百七十九条　承担民事责任的方式主要有：

（一）停止侵害；

（二）排除妨碍；

（三）消除危险；

……

（五）恢复原状；

……

（八）赔偿损失；

……

法律规定惩罚性赔偿的，依照其规定。

本条规定的承担民事责任的方式，可以单独适用，也可以合并适用。

第二百九十五条　不动产权利人挖掘土地、建造建筑物、铺设管线以及安装设备等，不得危及相邻不动产的安全。

🔬 深度解析

《民法典》对于维护相邻不动产安全是有明确规定的。不动产权利人有权在自己具有使用权的土地范围内进行开挖地基、埋设水管、安装设备等工程建设，但是应注意相邻不动产的安全，避免给相邻不动产造成不应有的损害。比如，使相邻房屋的地基发生动摇导致建筑物受损，水或污水渗漏到相邻不动产等。

31. 邻居家新建的楼房影响自家房屋通风、采光怎么办？

◆ 案例分析

老杨是某村村民，今年70岁了，平常就喜欢在自己家院子里晒晒太阳听听小曲，有时还约三五个好友打打牌。但是自从邻居高某盖起楼房后，老杨就过起了"暗无天日"的生活。原来，高某在原宅基地上盖了一幢三层小楼，大大影响了老杨家的采光，别说在院子里晒太阳了，整个屋里都见不到阳光。老杨多次找高某都没有得到解决。后来，老杨到法院起诉，要求赔偿。老杨的诉讼请求能得到法院的支持吗？

老杨的诉讼请求能得到法院的支持。根据《民法典》第二百九十三条的规定，建造建筑物，不得违反国家有关工程建设标准，不得妨碍相邻建筑物的通风、采光和日照。本案中，高某建造的三层小楼影响了老杨房屋的采光和通风，导致房屋使用价值降低，客观上也改变了老杨正常的生活居住环境，应当赔偿老杨所受的损失。

◆ 法律条文

《中华人民共和国民法典》

第二百九十三条　建造建筑物，不得违反国家有关工程建设标准，不得妨碍相邻建筑物的通风、采光和日照。

深度解析

  在《物权法》出台以前，建筑物的通风、采光和日照问题，是在《民法通则》里规定的，但是规定得比较笼统，所以《物权法》对此进行了更加具体的规定，后《民法典》保留了该规定。该条规定有两层含义：第一，对于建造的建筑物本身，不得违反国家有关工程建筑标准，即法律、法规或规章中对工程建设标准的相关规定；第二，建造建筑物，不得妨碍相邻建筑物的通风、采光和日照。相邻建筑物的间隔距离，必须符合工程建设标准。

第五章
农村借贷法律知识

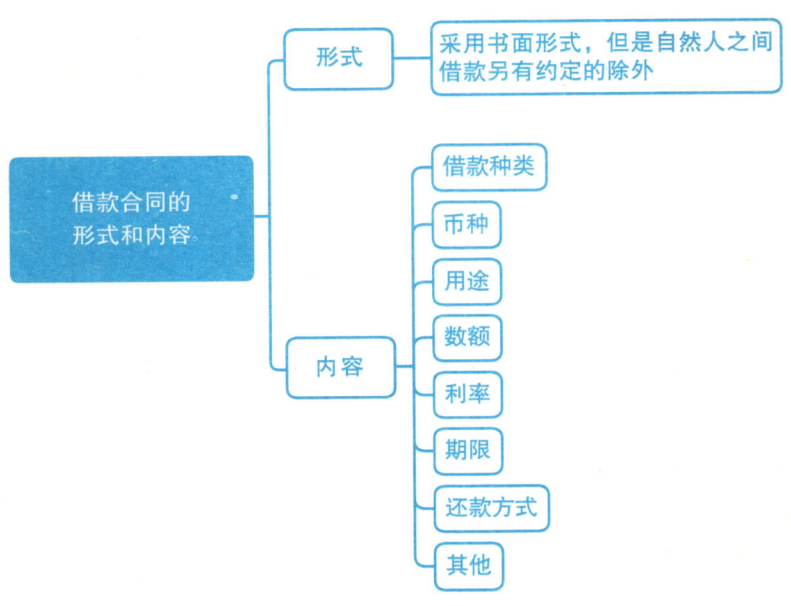

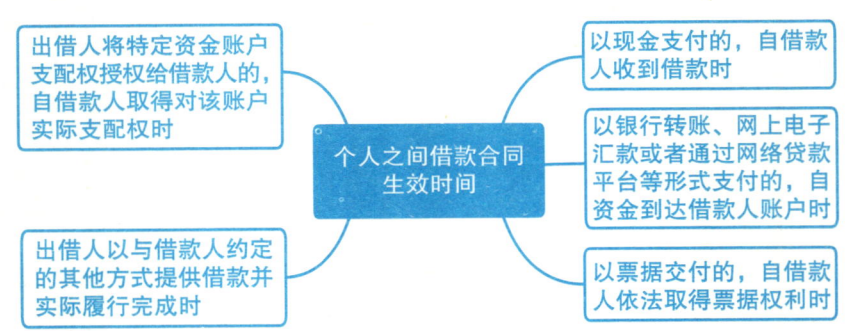

出借人事先知道或者应当知道借款人借款用于违法犯罪活动仍然提供借款的

违背公序良俗的

违反法律、行政法规强制性规定的

民间借贷合同无效的情形

套取金融机构贷款转贷的

以向其他营利法人借贷、向本单位职工集资，或者以向公众非法吸收存款等方式取得的资金转贷的

未依法取得放贷资格的出借人，以营利为目的向社会不特定对象提供借款的

借款合同对支付利息没有约定的，视为没有利息

借款合同对支付利息约定不明确，当事人不能达成补充协议的，按照当地或者当事人的交易方式、交易习惯、市场利率等因素确定利息；自然人之间借款的，视为没有利息

借款利息利率　——　借款利息　——　借款利率　——　禁止高利，不得违反国家规定

出借人请求借款人按照合同约定利率支付利息的，人民法院应予支持，但是双方约定的利率超过合同成立时一年期贷款市场报价利率四倍的除外

"一年期贷款市场报价利率"，是指中国人民银行授权全国银行间同业拆借中心自2019年8月20日起每月发布的一年期贷款市场报价利率

借款人未按照约定的借款用途使用借款

贷款人可以停止发放借款

提前收回借款或者解除合同

借款期限的作用

借款人应当按照约定的期限返还借款

对借款期限没有约定或者约定不明确，依据《民法典》第五百一十条的规定仍不能确定的，借款人可以随时返还；贷款人可以催告借款人在合理期限内返还

《民法典》第五百一十条：合同生效后，当事人就质量、价款或者报酬、履行地点等内容没有约定或者约定不明确的，可以协议补充；不能达成补充协议的，按照合同相关条款或者交易习惯确定

借款人未按照约定的期限返还借款

借款人应当按照约定或者国家有关规定支付逾期利息

32. 借款合同中忘了规定还款时间，该怎样弥补该漏洞？

◆ **案例分析**

李某和张某一起在农村长大，两人都是地地道道的农民。两人初中毕业后就都没有再上学。张某胆大心细，在城市里经过几年的打拼，成立了一家小型的服装厂。李某看到张某在城市里发家致富了，也想在城市里开一家零售店。但李某长期务农，收入微薄，没有本钱，便向张某提出了借款的请求，两人签订了借款合同，内容包括利息偿还等事项，但在合同中忘了约定还款时间，李某从来没有签过合同，当时也没注意此项内容。后来，李某很担心，怕张某突然要钱，可自己连本钱都还没有挣回来。此时李某该怎样弥补这个漏洞呢？

在此种情况下，李某可以与张某签订补充协议，重新约定还款时间，或者李某可以随时履行还款义务。如果张某突然问李某要钱，也需要有一个合理的催告期，以便让李某做一定的准备。《民法典》第六百七十五条规定，如果借款合同中没有约定借款期限或者借款期限约定不明确的，双方可以依法重新确定还款期。如果无法确定还款时间的，借款人可以随时返还，贷款人可以催告借款人在合理期限内返还。本案中，李某与张某的借款过程、内容、形式等符合法律对借款程序的规定，因此其借款合同合法有效，双方应当受到合同的制约。但由于双方未就还款时间作出约定，所以，李

某可以与张某在合同中补充还款期限的条款，或者随时返还借款；张某要求李某还款时，应当给李某一个合理的还款期限。

◆ 法律条文

《中华人民共和国民法典》

第六百七十五条 借款人应当按照约定的期限返还借款。对借款期限没有约定或者约定不明确，依据本法第五百一十条的规定仍不能确定的，借款人可以随时返还；贷款人可以催告借款人在合理期限内返还。

深度解析

按照合同约定的期限返还借款是借款人的一项主要义务。当事人未约定还款期限的，首先可以就还款期限进行协商，达成补充协议。不能达成补充协议的，可以按照合同有关条款或当事人之间的交易习惯来确定。需要注意的是，出借人要求借款人还款时，应当给予借款人一定的合理期限。该合理期限由出借人根据具体情况来确定，在发生纠纷时，司法机关也可以根据具体的情况来判定关于期间的约定是否合理。

33. 个人之间的借款合同没有约定利息，还需要支付利息吗？

◆ 案例分析

某村村民苏某家里要盖新房，但盖到一半时，超出了盖房的支出预算，没有了盖房的积蓄。但房子已经盖到一半，又不能半途而废。于是，苏某向同村的村民程某，也就是自己的表哥借了一万元钱，约定一年后还清。一年后，苏某将一万元钱还给程某时，程某却要求其支付利息。但是，当时两人没有约定利息。那么，苏某还需要支付利息吗？

苏某无须向程某支付利息。《民法典》第六百八十条规定，自然人之间的借款合同对支付利息没有约定或者约定不明确的，视为没有利息。本案中，苏某按照约定履行了自己的义务，按期偿还欠款，而程某要求其支付利息，因事先并未约定须支付利息，所以得不到法律的支持。

◆ 法律条文

《中华人民共和国民法典》

第六百八十条 禁止高利放贷，借款的利率不得违反国家有关规定。

借款合同对支付利息没有约定的，视为没有利息。

借款合同对支付利息约定不明确，当事人不能达成补充协议的，按照当地或者当事人的交易方式、交易习惯、市场利率等因素确定利息；自然人之间借款的，视为没有利息。

深度解析

在我国，借款人向金融机构借款的，借款人都需要根据借款的期限等情况，向金融机构支付利息。自然人之间借款的则不一定要支付利息，当事人可以约定支付利息，也可以约定不支付利息。当事人对利息没有约定或者约定不明确的，视为无息借款，借款人可以不向出借人支付利息。

34. 本来是无息借款，但逾期还款了，需要支付逾期的利息吗？

◆ 案例分析

王某是某村的村民，由于务农需要，想要买一辆拖拉机。但是儿子刚结婚，女儿还在上大学，务农收入又很微薄，王某没有多余的钱来购买拖拉机，于是向同村的孙某借了一万元钱，并写了欠条。欠条的内容包括借款金额和还款期限等。孙某考虑到大家是乡亲，应该互帮互助，就没有约定利息。还款期限届满后，王某一直没有还钱。又过了一年，孙某催要还款，王某才还了这一万元钱。这时，孙某要求王某支付逾期一年的利息。但王某认为本来约定的是无息借款，就不该收利息。那么，逾期还款后，需要支付利息吗？

王某向孙某借钱，双方在借条中没有关于利息的约定，《民法典》第六百八十条第二款规定："借款合同对支付利息没有约定的，视为没有利息。"所以王某在借款合同期限内是不需要支付利息的。但是王某在约定的借款期限届满时没有按照约定偿还债务，所以孙某要求王某支付逾期利息是合法的。根据《民法典》第六百七十六条的规定："借款人未按照约定的期限返还借款的，应当按照约定或者国家有关规定支付逾期利息。"所以孙某是可以要求王某支付逾期的利息的。对于该利息的确定，《最高人民法院关于审理民间借贷案件适用法律若干问题的规定》第二十八条有明确的规定："借贷双方对逾期利率有约定的，从其约定，但是以不超过合同成立时一年期贷款市场报价利率四倍为限。未约定逾期利率或者约定不明的，人民法院可以区分不同情况处理：（一）既未约定借期内利率，也未约定逾期利率，出借人主张借款人自逾期还款之日起参照当时一年期贷款市场报价利率标准计算的利息承担逾期还款违约责任的，人民法院应予支持；（二）约定了借期内利率但是未约定逾期利率，出借人主张借款人自逾期还款之日起按照借期内利率支付资金占用期间利息的，人民法院应予支持。"

◆ 法律条文

《中华人民共和国民法典》

第六百七十六条　借款人未按照约定的期限返还借款的，应当按照约定或者国家有关规定支付逾期利息。

《最高人民法院关于审理民间借贷案件适用法律若干问题的规定》

第二十八条　借贷双方对逾期利率有约定的，从其约定，但是以不超过合同成立时一年期贷款市场报价利率四倍为限。

未约定逾期利率或者约定不明的，人民法院可以区分不同情况处理：

（一）既未约定借期内利率，也未约定逾期利率，出借人主张借款人自逾期还款之日起参照当时一年期贷款市场报价利率标准计算的利息承担逾期还款违约责任的，人民法院应予支持；

（二）约定了借期内利率但是未约定逾期利率，出借人主张借款人自逾期还款之日起按照借期内利率支付资金占用期间利息的，人民法院应予支持。

深度解析

还款付息是借款人的主要义务。未按期返还借款是一种严重的违约行为，会给债权人的合法权益造成损害。还款时未支付相应的利息，属于债务履行不全面，也是一种违约行为，借款人应当为其违约行为承担相应的法律责任。明确逾期借款的借款人的法律责任，不仅是《民法典》合同编作出的规定，也是国内以及国际金融机构在借款合同中需要着重解决的问题。

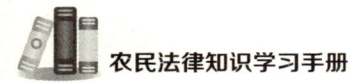

35. 债权人只有借条复印件而无原件，法院会支持其还款请求吗？

◆ 案例分析

　　张某是某村的村民，他不满足于务农的收入，常年在外地打工。一日，他接到妹妹的电话，称父亲病重，于是赶回了家。张某的父亲得的是癌症，医药费和化疗费用等较高，即使张某打工多年的积蓄也无力支付昂贵的治疗费用。于是张某向孙某借款五万元，并写了借条。孙某为防借条丢失，复印了一份放在大哥家里。一天，孙某的女儿放学回家，将借条当成废纸用完后扔了，最后孙某没有找到借条。借款期限届满后，孙某要求张某还钱，但张某要求孙某归还借条，如果没有借条，张某则拒不还钱。最终，孙某将张某告上法庭，但孙某只有借条的复印件，法院会支持孙某的请求吗？

　　根据《最高人民法院关于适用〈中华人民共和国民事诉讼法〉的解释》第九十条的规定，除非法律另有规定，当事人对自己提出的诉讼请求所依据的事实或者反驳对方诉讼请求所依据的事实，应当提供证据加以证明。在判决作出前，当事人未能提供证据或者证据不足以证明其事实主张的，由负有举证证明责任的当事人承担不利的后果。本案中，孙某向法院起诉要求张某还钱，应就借款事实的存在提供证据；如果不足以证明事实的，孙某将承担不利后果。

同时，根据《最高人民法院关于民事诉讼证据的若干规定》第九十条的规定，无法与原件、原物核对的复印件、复制品，不能单独作为认定案件事实的依据。所以债权人仅提供借据复印件的，还钱的请求不能得到法院的支持。但是，该规定第三条规定："在诉讼过程中，一方当事人陈述的于己不利的事实，或者对于己不利的事实明确表示承认的，另一方当事人无需举证证明。在证据交换、询问、调查过程中，或者在起诉状、答辩状、代理词等书面材料中，当事人明确承认于己不利的事实的，适用前款规定。"所以，如果孙某有其他证据，如证人、录音等可以证明借款事实，或者如果张某承认借款事实，孙某的还款请求则可以获得支持。

◆ **法律条文**

《最高人民法院关于适用〈中华人民共和国民事诉讼法〉的解释》

第九十条　当事人对自己提出的诉讼请求所依据的事实或者反驳对方诉讼请求所依据的事实，应当提供证据加以证明，但法律另有规定的除外。

在作出判决前，当事人未能提供证据或者证据不足以证明其事实主张的，由负有举证证明责任的当事人承担不利的后果。

《最高人民法院关于民事诉讼证据的若干规定》

第三条　在诉讼过程中，一方当事人陈述的于己不利的事实，或者对于己不利的事实明确表示承认的，另一方当事人无需举证证明。

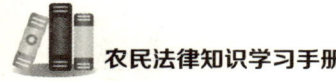

在证据交换、询问、调查过程中，或者在起诉状、答辩状、代理词等书面材料中，当事人明确承认于己不利的事实的，适用前款规定。

第九十条 下列证据不能单独作为认定案件事实的根据：

……

（五）无法与原件、原物核对的复制件、复制品。

深度解析

当事人对自己提出的主张有收集或者提供证据的义务，并有运用该证据证明主张的案件事实成立或有利于自己的主张的责任，否则将承担其主张不能成立的危险。当事人向法院提供证据，应当优先提供原件或者原物，其次才考虑复制品或者复印件。复制品或者复印件只有经过与原件核对，才具有相应的法律效力。仅有复制品或者复印件，没有其他证据予以佐证，不能用来认定案件事实，一般没有法律效力，除非双方认可。

36. 借款可以不按照借款合同中约定的借款用途使用吗？

◆ **案例分析**

冯某是一个农民，生活在比较落后的山区，年轻时就在外面打工，所以思想比较灵活和开放。一开始，冯某用打工的积蓄在城里租了一个门面，开起了小超市。由于冯某会经营，超市所处的地段也比较好，超市生意很好。多年后，冯某开了一家小型食品加工厂。前段时间，冯某向银行贷款，双方签订了借款合同，约定资金用于扩大食品厂生产规模、购置新设备。后来，冯某看中了一套房子，距离学校较近，由于是学区房，所以房价较贵，也比较抢手。冯某觉得还是孩子的读书比较重要，打算将钱用于买房。那么，冯某可以将钱用于其他用途吗？

冯某只能按合同的约定将借款用于食品厂扩大生产规模。借款用途是借款合同中重要的内容之一，直接关系到借款人是否能按期偿还，如果借款人擅自变更借款用途，这无疑会增加贷款人的借款风险。因此，《民法典》第六百七十三条明确规定，借款人应按合同约定的用途使用借款。具体到本案中，冯某只能将贷款用于食品加工厂扩大生产规模，即使想要买学区房，也不能擅自变更借款用途，以免给自己造成不必要的麻烦。

◆ **法律条文**

《中华人民共和国民法典》

第六百七十三条　借款人未按照约定的借款用途使用借款的，贷款人可以停止发放借款、提前收回借款或者解除合同。

深度解析

　　借款用途是借款人使用借款的目的，虽然从表面上看，贷款人借款的最终目的是收取利息和本金，借款的用途似乎和贷款人的利益没有直接的关系，但实际上，借款用途与借款人能否按期还款有着直接的关系。借款人擅自改变借款用途，会使原先当事人共同预期的收益变得不确定且会增加贷款人的借款风险，最终导致借款难以收回。因此，借款人应当按照合同约定的借款用途使用借款，不得随意改变借款用途。

37. 从本金中提前扣除借款利息的行为合法吗?

◆ 案例分析

张某从小在农村长大,初中毕业后就外出打工。虽然张某的文化水平不高,但他能吃苦,踏踏实实干活。经过多年的积累,张某与妻子回农村承包了一片土地种树。由于缺少资金,张某与银行签订了借款合同,办完了相关手续,向银行借款20万元,期限是两年。但是在张某和刚从大学毕业的儿子提款时,银行提前扣除了两年的利息。张某的儿子提出异议,称银行不能这么做。银行却说这样做是为了保证银行能够收回利息,才提前从本金里扣除利息的。那么,银行从本金中提前扣除借款利息的做法对吗?

该银行无权预先扣除张某借款的利息。《民法典》第六百七十条明确规定,借款的利息不得预先在本金中扣除。利息预先在本金中扣除的,应当按照实际借款数额返还借款并计算利息。由此可知,作为贷款人的银行应按合同约定的向张某支付其借款的总额,而不能预先扣除借款总额所产生的利息,否则就会使张某的借款本金无形中被减少,使其预期的经济收益受到影响。如果银行提前扣除了利息,那么,张某实际借款的本金就应当剔除出利息,张某还款时也应当按照其实际借到的款数偿还本息。

◆ **法律条文**

《中华人民共和国民法典》

第六百七十条 借款的利息不得预先在本金中扣除。利息预先在本金中扣除的，应当按照实际借款数额返还借款并计算利息。

深度解析

提前在本金里扣除利息的做法虽然使贷款人的利息提前收回，减少了借款的风险，但另一方面却损害了借款人的合法利益，使借款人实际上得到的借款少于合同约定的借款数额，影响其资金的正常使用，加重了借款人的负担，也容易引起借款合同双方当事人的纠纷。法律明确规定禁止提前扣除利息，有利于解决实践中的问题，是坚持合同公平原则的体现。

第六章
婚姻法律知识

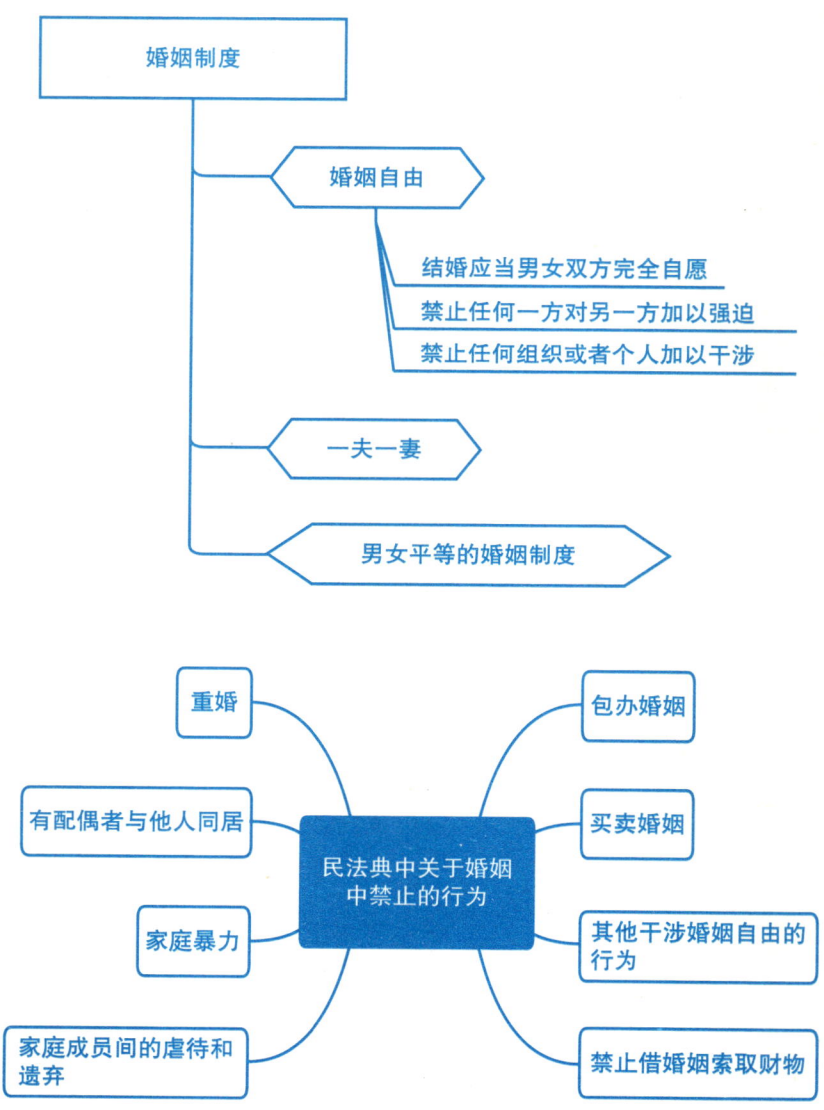

家庭应当树立优良家风，弘扬家庭美德，重视家庭文明建设

文明婚姻优良家风

夫妻应当互相忠实，互相尊重，互相关爱

家庭成员应当敬老爱幼，互相帮助，维护平等、和睦、文明的婚姻家庭关系

婚姻无效的情形

重婚

有禁止结婚的亲属关系

直系血亲或者三代以内的旁系血亲禁止结婚

未到法定婚龄

结婚年龄，男不得早于二十二周岁

女不得早于二十周岁

应当自知道或者应当知道撤销事由之日起一年内提出

应当自胁迫行为终止之日起一年内提出

一方患有重大疾病的，应当在结婚登记前如实告知另一方；不如实告知的，另一方可以向人民法院请求撤销婚姻

因胁迫结婚的，受胁迫的一方可以向人民法院请求撤销婚姻

可撤销婚姻

被非法限制人身自由的当事人可请求撤销婚姻

应当自恢复人身自由之日起一年内提出

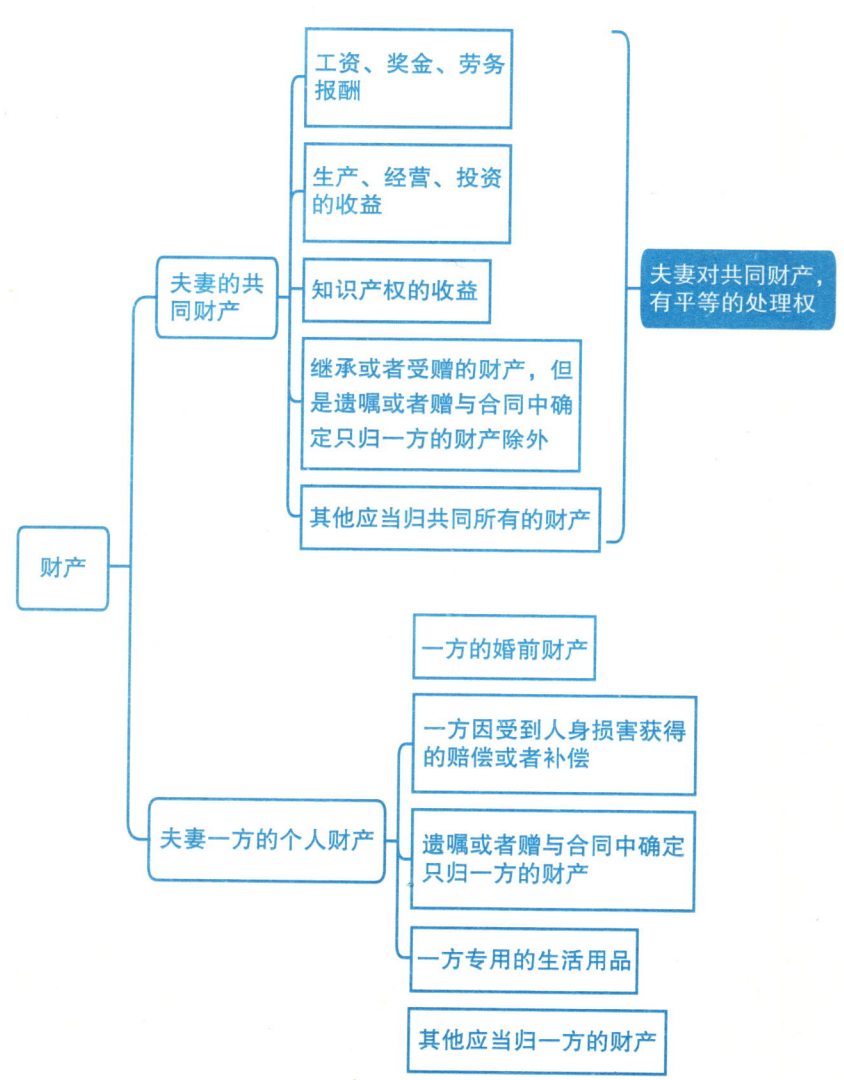

婚姻关系存续期间，夫妻一方可以向
人民法院请求分割共同财产的情形

一方有隐藏、转移、变卖、毁损、
挥霍夫妻共同财产或者伪造夫妻共
同债务等严重损害夫妻共同财产利
益的行为

一方负有法定扶养义务的人患重大
疾病需要医治，另一方不同意支付
相关医疗费用

虐待、遗弃家庭成员

重婚

离婚时，无过错方有权
请求损害赔偿的情形

与他人同居

有其他重大过错

实施家庭暴力

38. 现役军人的配偶可不经对方同意就离婚吗？

◆ **案例分析**

唐某出生于农村，早年参军入伍，如今已提干，并与家里邻村的相亲对象陈某结婚。但是，两人聚少离多，陈某不满丈夫的工作状态，以及丈夫在部队中养成的诸多习惯，两人关系渐渐疏远。妻子陈某想要离婚，但是碍于唐某军人的身份，其离婚的要求一直不能实现。那么，陈某想要离婚，必须事先征得唐某的同意吗？

陈某要离婚，应当征得唐某的同意。这是我国法律对军人婚姻权利的重视与保护的体现，《民法典》第一千零八十一条规定："现役军人的配偶要求离婚，应当征得军人同意，但是军人一方有重大过错的除外。"军人的配偶想要离婚，必须征得军人同意。军人如果不同意，是无法离婚的。即使军人的配偶向法院提起诉讼，法院也是不会受理的。当然，如果军人一方有重大过错，如重婚、虐待家庭成员等，则另一方要求离婚时，不受该条规定的限制。

◆ **法律条文**

《中华人民共和国民法典》

第一千零七十九条 夫妻一方要求离婚的，可以由有关组织进行调解或者直接向人民法院提起离婚诉讼。

人民法院审理离婚案件，应当进行调解；如果感情确已破裂，调解无效的，应当准予离婚。

有下列情形之一，调解无效的，应当准予离婚：

（一）重婚或者与他人同居；

（二）实施家庭暴力或者虐待、遗弃家庭成员；

（三）有赌博、吸毒等恶习屡教不改；

……

第一千零八十一条　现役军人的配偶要求离婚，应当征得军人同意，但是军人一方有重大过错的除外。

《最高人民法院关于适用〈中华人民共和国民法典〉婚姻家庭编的解释（一）》

第六十四条　民法典第一千零八十一条所称的"军人一方有重大过错"，可以依据民法典第一千零七十九条第三款前三项规定及军人有其他重大过错导致夫妻感情破裂的情形予以判断。

> **深度解析**
>
> 　　党和国家一贯对军人婚姻实行特别保护，现役军人的配偶须征得军人的同意方可离婚。但要征得对方的同意这点，不适用于双方都是现役军人以及现役军人向非军人主动提出离婚这两种情况。另外，"须得军人同意"也不是绝对的，如果夫妻感情破裂是军人一方的重大过错造成的，非军人配偶一方也可以直接提出离婚，但过错限定在"重大过错"而非一般的过错。

39. 丈夫可以在妻子孕期提出离婚吗?

◆ 案例分析

安某和苏某系夫妻,两人感情很好,一起在外打工。在怀孕期间,苏某回农村老家养胎,安某继续在外地工作。苏某产前三个月,安某干完了那份工作,回老家照顾苏某。在这期间,苏某怀疑安某与他人关系暧昧,遂经常追问安某,两人因此经常吵闹。安某一气之下向法院提出离婚,法院会判决准予离婚吗?

法院是不会判决准予离婚的。根据《民法典》第一千零八十二条的规定,在女方怀孕期间、分娩后一年以内以及终止妊娠后六个月以内,男方不得提出离婚。除非女方提出离婚或人民法院认为确有必要受理男方离婚请求。现实生活中,有很多女性在怀孕期间都会有情绪波动,甚至可能性情大变,这是正常的生理和心理反应,男方应多些耐心与呵护,不应因此提出离婚。出于对妇女和婴幼儿的保护,我国法律规定,男方如果因此提出离婚,法院一般是不会受理的。

◆ 法律条文

《中华人民共和国民法典》

第一千零八十二条 女方在怀孕期间、分娩后一年内或者终止妊娠后六个月内,男方不得提出离婚;但是,女方提出离婚或者人民法院认为确有必要受理男方离婚请求的除外。

深度解析

　　为照顾女方，在女方处于怀孕期间和分娩后一年内或中止妊娠后六个月内，以及为保护胎儿、婴儿，维护妇女的身心健康，限制男方离婚请求权是完全合理和必要的。当然此处限制的主体只是男方，而且只是男方在一定期限内的起诉权，推迟了男方提出离婚的时间，但没有否定和剥夺男方的起诉权，不涉及准予离婚与不准予离婚的实体性问题。在此期间，女方提出离婚的，女方自愿放弃法律对其特殊保护的，或者男方起诉离婚而法院认为确有必要受理的，不受此规定的限制。

40. 只办婚礼，不登记，这样的婚姻有效吗?

◆ 案例分析

余某因出生于农村，所以学习十分刻苦，考上了大学，并在城里安定了下来。可是他的父母不愿意跟他去城里生活，也不看好他在城里交的女朋友，而是在家里给他找了个远房亲戚家的女孩范某。他说服不了父母，又不想让父母难过，只好答应举办婚礼，但没有进行结婚登记。请问这样的婚姻有效吗?

我国传统的结婚形式是举行婚礼，但法律对结婚是否一定要举行婚礼未进行规定，而按照《民法典》的规定，婚姻实行登记制度，进行登记是使婚姻合法有效的必经程序，因此，结婚必须依法办理结婚登记，不能以是否举行仪式作为婚姻成立与否的标志，更不能以仪式代替登记。对于符合法定的结婚条件，举行结婚仪式而未办理结婚登记的，应当按照《民法典》的要求补办结婚登记，以便得到法律的承认和保护。

◆ 法律条文

《中华人民共和国民法典》

第一千零四十九条 要求结婚的男女双方应当亲自到婚姻登记机关申请结婚登记。符合本法规定的，予以登记，发给结婚证。完成结婚登记，即确立婚姻关系。未办理结婚登记的，应当补办登记。

《婚姻登记条例》

第四条第一款　内地居民结婚，男女双方应当共同到一方当事人常住户口所在地的婚姻登记机关办理结婚登记。

深度解析

　　结婚除必须符合法律规定的实质条件外，还必须履行法定的程序。结婚登记是结婚的必经程序，是国家对婚姻关系的建立进行监督和管理的制度。男女双方缔结婚姻时，只有到有关婚姻管理部门登记，才具有法律效力。取得结婚证，标志着婚姻关系的正式确立，而传统的举行婚礼仪式，并非法定的婚姻成立的条件。

41. 娘家陪嫁的财产应该如何定性?

◆ **案例分析**

汪某是个老实本分的农民,黎某家住县城里,家境不错。一次,汪某去县里办事,与黎某一见钟情,两人不久就确立了恋爱关系。后来,黎某不顾家人的反对,嫁给汪某。出嫁时,黎某父母怕她吃苦,准备了许多陪嫁物品给女儿。不料,婚后,黎某发现汪某自尊心很强,两人相处得很不和谐,自己嫁到农村的生活并不像想象的那样美满。于是,黎某提出离婚。那么娘家陪嫁的财产是归妻子黎某所有吗?

根据《民法典》第一千零六十三条的规定,赠与合同中确定只归夫或妻一方的财产为夫妻一方的财产。此案中黎某娘家陪嫁的东西,在结婚时父母赠与了黎某,当女儿接受这些财产之后就成为女儿个人的财产。根据《最高人民法院关于适用〈中华人民共和国民法典〉婚姻家庭编的解释(一)》第三十一条的规定,民法典第一千零六十三条规定为夫妻一方的财产,不因婚姻关系的延续而转化为夫妻共同财产。但当事人另有约定的除外。由此可见,在双方没有订立特别协议的情况下,黎某娘家陪嫁的这些财产不会因为二人结婚而变成共同财产,其仍归妻子所有。

◆ **法律条文**

《中华人民共和国民法典》

第一千零六十三条 下列财产为夫妻一方的个人财产:

......

（三）遗嘱或者赠与合同中确定只归一方的财产；

......

《最高人民法院关于适用〈中华人民共和国民法典〉婚姻家庭编的解释（一）》

第三十一条　民法典第一千零六十三条规定为夫妻一方的个人财产，不因婚姻关系的延续而转化为夫妻共同财产。但当事人另有约定的除外。

深度解析

夫妻特有财产是指夫妻在实行共同财产制的同时，依照法律规定或夫妻约定，夫妻各自保留的一定范围的个人所有财产。因继承或赠与所得的财产，一般属于夫妻共同财产。但为尊重遗嘱人或赠与人的个人意愿，保护公民对其财产的自由处分权，若其在遗嘱或赠与合同中明确指出，该财产只遗赠或赠与夫妻一方，另一方无权享用，那么，该财产就属于夫妻特有财产，归一方个人所有。此规定的意义在于，给予夫妻一方保障以及防止另一方滥用权利。

42. 妻子能以事先不知为由要回丈夫擅自赠与他人的金钱吗?

◆ 案例分析

　　袁某早年曾与同村人马某一起打拼,两人同甘共苦,结下了深厚的友谊。其间,马某非常照顾袁某,常常接济他,袁某发誓有机会一定要回报他。如今,袁某是村里的"财主",有不少积蓄。而马某自己做生意,由于没有把握好市场风险,生意失败,生活困顿。袁某得知后,在未和妻子方某商量的情况下,将两人共同财产20万元赠与马某,希望助他重新振作。后来方某发现家里财产减少,询问丈夫才得知赠与之事,方某因此非常生气,那么她能将这笔钱要回吗?

　　《民法典》第一千零六十二条第二款规定:"夫妻对共同财产,有平等的处理权。"一般认为,此处的"平等的处理权"是指:第一,夫或妻在处理夫妻共同财产上的权利是平等的。因日常生活需要而处理夫妻共同财产的,任何一方均有权决定。第二,夫或妻非因日常生活需要对夫妻共同财产做重要处理决定,夫妻双方应当平等协商,取得一致意见。但是,为了维护交易安全,若他人有理由相信其为夫妻双方共同意思表示的,另一方不得以不同意或不知道为由对抗善意第三人。

　　本案中,袁某和方某作为夫妻双方,对他们共同共有的财产有平等的处理权。袁某或者方某非因日常生活需要对两人的夫妻共同财产作重大处理决定的，夫妻双方应当共同协商取得一致意见。袁某给马某20万元，是袁某擅自做主的，是为了让马某用钱挽救危机的，并没有征得妻子方某的同意，而马某对此也是知情的，因此，法律即认定袁某擅自处分夫妻共同财产的行为侵犯了共有人妻子方某的合法权益，袁某对马某的赠与行为无效。依据有关法律，方某是可以将这20万元要回的。

◆ **法律条文**

《中华人民共和国民法典》

第一千零六十二条第二款　夫妻对共同财产，有平等的处理权。

深度解析

　　夫妻共同财产的性质是共同共有，夫妻对全部共同财产，应不分份额地享有同等的权利，夫妻双方对共同财产享有平等的占有、使用、收益和处分的权利。夫妻一方对共同财产的使用、处分，除另有约定外，应当在取得对方的同意之后进行。尤其是重大财产处分行为，未经对方同意，任何一方不得擅自做主。夫妻一方在处分共同财产时，另一方明知其行为而不作否认表示的，视为同意，事后不得以自己未参加处分为由否认处分的法律效力。夫妻一方未经对方同意擅自处分共同财产的，对方有权请求宣告该处分行为无效，但不得对抗善意第三人，即如果第三人不知道也无从知道夫妻一方的行为属于擅自处分行为的，该处分行为有效。

43. 结婚彩礼可以在离婚时要求返还吗?

◆ **案例分析**

雷某没有外出打工，天天在村子里游手好闲，如今老大不小了，还没有对象，父母很为他着急。后来，雷某与余某经人介绍相识，互相都比较满意，不久后就谈及婚事，男方雷某的家里准备了一份厚重的彩礼送给余家。但是，婚后一年多，余某未能怀孕，家里为此经常吵架，后雷某以余某不能生育且二人感情确已破裂为由向法院起诉离婚，并要求余某返还结婚时自己的父母准备的彩礼。雷某的要求合理吗?

判断雷某的要求是否合理要视情况而定。按照传统习俗，婚姻当事人一方给付另一方的彩礼，不能单纯地归结为夫妻共同财产。通常情况下，彩礼的性质可以认定为当事人一方的父母为了子女结婚的出资，按此理解，彩礼似乎属于夫妻共同财产。但是，根据《最高人民法院关于适用〈中华人民共和国民法典〉婚姻家庭编的解释（一）》第五条，彩礼是一方给付给对方的，是以结婚为目的的，接受了彩礼，即是对婚姻的承诺，如果后来婚姻没成，彩礼一般是要还的。本案中，雷某给余某的彩礼，按照司法解释的规定，不应该返还。

◆ 法律条文

《最高人民法院关于适用〈中华人民共和国民法典〉婚姻家庭编的解释（一）》

第五条 当事人请求返还按照习俗给付的彩礼的，如果查明属于以下情形，人民法院应当予以支持：

（一）双方未办理结婚登记手续；

（二）双方办理结婚登记手续但确未共同生活；

（三）婚前给付并导致给付人生活困难。

适用前款第二项、第三项的规定，应当以双方离婚为条件。

深度解析

　　结婚给付彩礼现象在我国广大农村十分普遍，但对彩礼是否应当返还及返还多少存在很大的争议。按照法律规定，返还彩礼分为两大类：一类是双方建立婚约关系而未办理结婚登记手续的，应当返还彩礼；一类是已经结婚又离婚的，原则上彩礼不再返还，但又有两种例外情形，一种是双方结婚后一直未共同生活的，另一种是因为给付彩礼导致给付人生活困难的。

44. 夫妻双方协议离婚，一方可以向过错方要求损害赔偿吗？

◆ **案例分析**

谭某与安某经别人介绍认识并结婚，并无感情基础。婚后，谭某经常酗酒，回家后就对妻子安某实施家暴。安某难以忍受，在家人和朋友的支持下，打算起诉离婚。谭某劝妻子未果，得知她坚决要离婚，提出不如协议离婚，安某同意，两人签署了离婚协议。协议生效后，安某向法院提起诉讼，要求谭某给付损害赔偿。那么，安某可以提起这样的诉求吗？

安某可以向法院起诉，要求谭某给付损害赔偿。尽管安某与谭某协议离婚，但是，这并不能成为安某维护自己合法权益的障碍。为了保护婚姻生活中的无过错方的合法权益，根据《最高人民法院关于适用〈中华人民共和国民法典〉婚姻家庭编的解释（一）》第八十九条的规定，即使采用协议离婚的方式结束婚姻关系的，无过错的一方仍然有权要求损害赔偿。但是，如果在协议离婚时无过错方明确表示放弃，法院则不支持该项请求。

◆ 法律条文

《最高人民法院关于适用〈中华人民共和国民法典〉婚姻家庭编的解释（一）》

第八十九条　当事人在婚姻登记机关办理离婚登记手续后，以民法典第一千零九十一条规定为由向人民法院提出损害赔偿请求的，人民法院应当受理。但当事人在协议离婚时已经明确表示放弃该项请求的，人民法院不予支持。

※ 深度解析

离婚损害赔偿制度，是指配偶一方违法侵害他方配偶的合法权益，导致婚姻关系破裂离婚时，过错配偶对无过错配偶所受的物质和精神损害承担民事赔偿责任的法律制度。即只要一方存在《民法典》第一千零九十一条规定的过错情形之一，无过错方就可因此主张损害赔偿，无论是诉讼离婚还是协议离婚。

45. 离婚时一方隐匿的财产，另一方得知后能否要求再次分割?

◆ 案例分析

　　齐某与肖某本是普通的农村夫妇，但二人积极上进、踏实肯干，终于干出了自己的事业。然而，齐某在事业有成之后，开始嫌弃家中之妻，经常借故外出，后被妻子肖某发现他有婚外情，两人因此离婚。不过，离婚后肖某无意中得知前夫在与自己离婚分割财产之前，未经自己同意曾将一部分夫妻共同财产以赠与的方式转移到情人名下。于是，肖某决定向法院提起诉讼，要求再次分割这部分财产。那么，法院会受理吗?

　　法院是会受理的。《民法典》婚姻家庭编的立法精神在于体现平等自由、公平诚实的原则，这些已经成为调整婚姻关系的基本原则。并且，《民法典》第一千零九十二条明确规定："夫妻一方隐藏、转移、变卖、毁损、挥霍夫妻共同财产，或者伪造夫妻共同债务企图侵占另一方财产的，在离婚分割夫妻共同财产时，对该方可以少分或者不分。离婚后，另一方发现有上述行为的，可以向人民法院提起诉讼，请求再次分割夫妻共同财产。"本案中，齐某将一部分夫妻共同财产转移到情人名下，致使在分割财产的时候，夫妻共同财产处于不完整的状态，侵害了肖某的合法权益，对肖某来说是不公平的，对此法院会依法受理并支持肖某的诉讼请求。

◆ **法律条文**

《中华人民共和国民法典》

第一千零九十二条　夫妻一方隐藏、转移、变卖、毁损、挥霍夫妻共同财产，或者伪造夫妻共同债务企图侵占另一方财产的，在离婚分割夫妻共同财产时，对该方可以少分或者不分。离婚后，另一方发现有上述行为的，可以向人民法院提起诉讼，请求再次分割夫妻共同财产。

☆ 深度解析

夫妻共同财产主要指夫妻双方在婚姻关系存续期间所得的财产，即从男女登记结婚之日起，到夫妻离婚或配偶一方死亡时为止，这一特定期间内夫妻所得的财产。在离婚时，隐藏、转移、变卖、毁损夫妻共同财产，或伪造债务，都是违法行为，在主观上只能是故意的。其中，隐藏是指将财产藏匿起来，不让他人发现，使另一方无法获知财产的所在从而无法控制。转移是指私自将财产移往他处，或将资金取出移往其他账户，脱离另一方的掌握。变卖是指将财产折价卖给他人。毁损是指采用打碎、拆卸、涂抹等破坏性手段使物品失去原貌，失去或者部分失去原来具有的价值。伪造债务是指制造内容虚假的债务凭证，包括合同、欠条等，并将所涉共同财产据为己有。这些行为都造成夫妻共同财产减损的客观后果，损害了另一方的合法权益，因此，另一方在离婚后得知此情形的，可以向法院提起诉讼，要求重新分割夫妻共同财产。

46. 妻子有义务对丈夫婚前债务负责吗?

◆ **案例分析**

元某出生于农村，开始创业时，借了银行100万元，约定八年内偿还。后来，元某靠这笔钱，奠定了自己事业的良好基础。其间，事业有成的元某与常某结婚。然而婚后不久，元某的事业遭遇挫折，而还款日期逼近，他并没有能力偿还全部的本息。那么，作为元某妻子的常某是否负有替元某偿还债务的义务呢?

常某没有义务替元某偿还债务，但常某自愿偿还的不在此列。《最高人民法院关于适用〈中华人民共和国民法典〉婚姻家庭编的解释（一）》第三十三条明确规定，如果婚前一方所负债务是用于婚后家庭共同生活的，则债权人向另一方主张权利时，另一方不能拒绝。但本案中，元某所负债务是用于自己的事业，因此，常某不必替元某偿还债务。

◆ **法律条文**

《最高人民法院关于适用〈中华人民共和国民法典〉婚姻家庭编的解释（一）》

第三十三条 债权人就一方婚前所负个人债务向债务人的配偶主张权利的，人民法院不予支持。但债权人能够证明所负债务用于婚后家庭共同生活的除外。

深度解析

　　婚前债务，指的是结婚前以一方名义所承担的债务，实际生活中主要就是指婚前由一方个人举债，婚后尚未还清的债务。从法律层面来说，婚前债务属于个人债务，不属夫妻共同债务，当然无需夫妻共同偿还。具体来说，婚前一方以个人名义所欠外债，原则上应当认定为个人债务，债权人向其配偶主张权利时，除非债权人能够举证证明该债务用于婚后家庭共同生活，否则法院不支持由夫妻双方共同偿还。

47. 夫妻一方是否对丧失劳动能力的另一方负有扶养义务?

◆ 案例分析

村民陈某去城里办事途中，因出租车超速行驶发生车祸，导致半身不遂，丧失劳动能力，生活不能自理，需要有人专门照顾。丈夫林某不但不给妻子陈某支付合理的治疗费用，还经常在村中聚赌，也不好好工作，将家中钱财全部挥霍了。请问在本案中，林某对陈某是否负有扶养义务？

《民法典》第一千零五十九条第一款规定："夫妻有相互扶养的义务。"所谓夫妻之间的扶养义务主要是夫妻之间相互为对方提供经济上的供养和生活上的扶助，以此来维持日常的生活。一方不履行扶养义务时，需要扶养的一方有要求对方付给扶养费的权利。本案中，陈某丧失了劳动能力，没有了生活来源，有权要求丈夫林某履行扶养义务。如果林某有能力而坚持不履行对陈某的扶养义务，则有可能构成遗弃罪并被追究刑事责任。

◆ 法律条文

《中华人民共和国民法典》

第一千零五十九条 夫妻有相互扶养的义务。

需要扶养的一方，在另一方不履行扶养义务时，有要求其给付扶养费的权利。

《中华人民共和国刑法》

第二百六十一条　对于年老、年幼、患病或者其他没有独立生活能力的人，负有扶养义务而拒绝扶养，情节恶劣的，处五年以下有期徒刑、拘役或者管制。

> **深度解析**
>
> 　　夫妻互相扶养是在婚姻存续期间夫妻双方都应当履行的法定义务，当离婚时，原夫妻双方就不再负担互相扶养的义务。扶养是指夫妻之间的一方对其配偶负有提供生活供养责任的法律关系。夫妻之间的互相扶养既是权利又是义务，这种权利义务是平等的，与夫妻地位平等相适应。有扶养能力的一方，对于有残疾、患有重病、经济困难的配偶，必须主动承担扶助供养责任。如果夫或妻一方患病或者没有独立生活能力，有扶养义务的配偶拒绝扶养，情节恶劣，构成遗弃罪的，应当承担刑事责任。

第七章
抚养与收养法律知识

抚养义务

父母对未成年子女负有抚养、教育和保护的义务

未成年子女造成他人损害的，父母应当依法承担民事责任

父母不履行抚养义务的，未成年子女或者不能独立生活的成年子女，有要求父母给付抚养费的权利

父母是未成年子女的监护人

未成年人的父母已经死亡或者没有监护能力的，由有监护能力的人按顺序担任监护人

第一顺序：祖父母、外祖父母

第二顺序：兄、姐

第三顺序：其他愿意担任监护人的个人或者组织，但是须经未成年人住所地的居民委员会、村民委员会或者民政部门同意

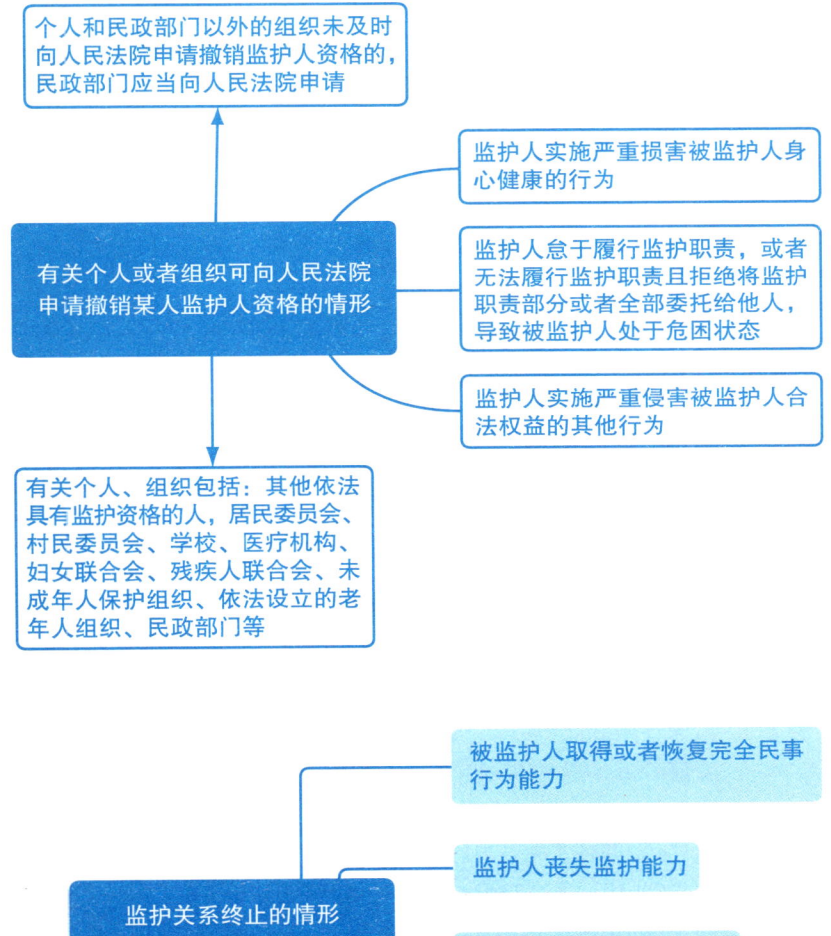

个人和民政部门以外的组织未及时向人民法院申请撤销监护人资格的，民政部门应当向人民法院申请

有关个人或者组织可向人民法院申请撤销某人监护人资格的情形

监护人实施严重损害被监护人身心健康的行为

监护人怠于履行监护职责，或者无法履行监护职责且拒绝将监护职责部分或者全部委托给他人，导致被监护人处于危困状态

监护人实施严重侵害被监护人合法权益的其他行为

有关个人、组织包括：其他依法具有监护资格的人，居民委员会、村民委员会、学校、医疗机构、妇女联合会、残疾人联合会、未成年人保护组织、依法设立的老年人组织、民政部门等

监护关系终止的情形

被监护人取得或者恢复完全民事行为能力

监护人丧失监护能力

被监护人或者监护人死亡

人民法院认定监护关系终止的其他情形

监护关系终止后，被监护人仍然需要监护的，应当依法另行确定监护人

48. 监护是什么意思？父母双亡后怎样确定孩子的监护人？

◆ 案例分析

涛涛家住农村，为了生计，他的父母双双进城打工，涛涛从小跟着外公、外婆一起生活。一天，涛涛的父母从城里赶回来给涛涛过5岁生日，但是在返城途中发生了车祸，涛涛的父母不幸去世。之后，涛涛的爷爷、奶奶打算将涛涛接回自己家中抚养，但涛涛的外公、外婆不同意，他们认为自己的生活条件要比涛涛的爷爷、奶奶好，应该由自己抚养。那么，涛涛到底该由谁来抚养呢？

《民法典》第二十七条第二款规定："未成年人的父母已经死亡或者没有监护能力的，由下列有监护能力的人按顺序担任监护人：（一）祖父母、外祖父母；（二）兄、姐；（三）其他愿意担任监护人的个人或者组织，但是须经未成年人住所地的居民委员会、村民委员会或者民政部门同意。"可见，有监护能力的祖父母和外祖父母都可以担任监护人。一般情况下，具有监护资格的人之间可以在尊重被监护人的真实意愿的基础上协议确定监护人。实践中存在具有监护资格的人之间存在争议的情形，《民法典》第三十一条特别规定："对监护人的确定有争议的，由被监护人住所地的居民委员会、村民委员会或者民政部门指定监护人，有关当事人对指定不服的，可以向人民法院申请指定监护人；有关当事人也可以直接向人民法院申请指定监护人。居民委员会、村民委员会、民政部门或者人民法院应当尊重被监护人的真实意愿，按照最有利于被监护人的原则在依法具有监护资格的人中指定监护人。依据本条第一款规定指定监护人前，被监护人的人身权利、财产权利以及其他合法权益处于无人保护状态的，由被监护人住所地的居民委员会、村民委员会、法律规定的有关组织或者民政部门担任临时监护人。监护人被指定后，不得擅自变更；擅自变更的，不免除被指定的监护人的责任。"可见，如果具有监护资格的人对由谁担任监护人的问题存在争议，首先应由被监护人住所地的居民委员会、村民委员会或者民政部门在尊重被监护人意愿的基础上，按照最有利于被监护人的原则指定监护人，有关当事人不服该指定的，可以向人民法院申请指定。

本案中，涛涛只有 5 岁，属于无民事行为能力人。涛涛的爷爷、奶奶与外公、外婆都有监护人的主体资格，双方可以就监护问题进行协商。如果协商不成，可以请涛涛住所地所在的居民委员会、村民委员会或者民政部门依法指定。

◆ **法律条文**

《中华人民共和国民法典》

第二十七条第二款　未成年人的父母已经死亡或者没有监护能力的，由下列有监护能力的人按顺序担任监护人：

（一）祖父母、外祖父母；

（二）兄、姐；

（三）其他愿意担任监护人的个人或者组织，但是须经未成年人住所地的居民委员会、村民委员会或者民政部门同意。

第三十条 依法具有监护资格的人之间可以协议确定监护人。协议确定监护人应当尊重被监护人的真实意愿。

第三十一条 对监护人的确定有争议的，由被监护人住所地的居民委员会、村民委员会或者民政部门指定监护人，有关当事人对指定不服的，可以向人民法院申请指定监护人；有关当事人也可以直接向人民法院申请指定监护人。

居民委员会、村民委员会、民政部门或者人民法院应当尊重被监护人的真实意愿，按照最有利于被监护人的原则在依法具有监护资格的人中指定监护人。

依据本条第一款规定指定监护人前，被监护人的人身权利、财产权利以及其他合法权益处于无人保护状态的，由被监护人住所地的居民委员会、村民委员会、法律规定的有关组织或者民政部门担任临时监护人。

监护人被指定后，不得擅自变更；擅自变更的，不免除被指定的监护人的责任。

深度解析

父母是未成年人的法定监护人，在父母死亡或无法担任监护人时，未成年人的祖父母、外祖父母、兄、姐等人都有监护资格。在确定监护人时，具有监护资格的人应平等协商，从保护被监护人最大利益的角度确定监护人。协商不成时，可以请有关部门依法指定。监护人一旦被确定，就不得擅自变更。

49. 小学生在学校将人打伤，应该由谁来承担赔偿责任？

◆ 案例分析

2020 年 7 月，某村小学发生了一起伤人案件：当时正在给一年级上课的语文老师因临时有事外出，小明和小强因琐事在课堂上打闹了起来，小明不慎将小强的左眼刺伤。小强的家长为了给小强治病花去了人民币 7 万余元。那么，这笔医药费该由谁承担呢？

根据《民法典》第一千一百八十八条第一款的规定，无民事行为能力人、限制民事行为能力人造成他人损害的，由监护人承担侵权责任。本案中，小明为无民事行为能力人，对他人造成的损害应由其监护人承担，即应当由小明的父母承担损害赔偿责任。此外，根据该法第一千一百九十九条的规定，在幼儿园、学校或其他教育机构生活、学习的无民事行为能力人受到人身伤害的，幼儿园、学校或者其他教育机构应当承担侵权责任，除非其能证明自己尽到了教育、管理职责。本案中小强受到侵害，侵权行为的发生是在学校上课期间，且老师因事外出没有尽到看管责任，学校对此有过错，应承担相应的侵权责任，适当给予赔偿。

◆ **法律条文**

《中华人民共和国民法典》

第一千一百八十八条第一款　无民事行为能力人、限制民事行为能力人造成他人损害的，由监护人承担侵权责任。监护人尽到监护职责的，可以减轻其侵权责任。

第一千一百九十九条　无民事行为能力人在幼儿园、学校或者其他教育机构学习、生活期间受到人身损害的，幼儿园、学校或者其他教育机构应当承担侵权责任；但是，能够证明尽到教育、管理职责的，不承担侵权责任。

深度解析

　　考虑到未成年人天性好动、喜欢冒险，但同时身心方面的发展尚未成熟，缺少自我保护的知识和能力，在参加各种活动时极有可能造成自身或者他人的损害。即便幼儿园、学校等教育机构和教师尽了全部注意义务，也很难杜绝损害的发生。《民法典》侵权责任编对此作出了明确规定，明确界定幼儿园、学校和其他教育机构的侵权责任，这有利于及时有效地解决纠纷，切实保护未成年人的合法权益，加强学校、幼儿园的教学管理工作。

50. 夫妻离婚时会因为妻子已经绝育而将孩子的抚养权交给妻子吗？

◆ **案例分析**

王某与丈夫是地地道道的农民，两人结婚后育有一子。生了儿子后因为夫妻二人并不想再要孩子，王某做了绝育手术。可是现在两人感情破裂准备离婚，为了争夺孩子的抚养权，王某向法院提起诉讼。王某觉得自己已经没有生育能力，孩子应该跟着自己。那么，法院会支持她的诉讼请求吗？

法院是会照顾女方的。女性群体在社会中一直处于弱势地位，我国法律基于对女性权益的保护，在多部法律法规中都有保护妇女和儿童权益的特别规定。《妇女权益保障法》明确规定，离婚时，女方因实施绝育手术或者其他原因丧失生育能力的，处理子女抚养问题，应在有利于子女权益的条件下，照顾女方的合理要求。同时《最高人民法院关于适用〈中华人民共和国民法典〉婚姻家庭编的解释（一）》也明确指出，要优先考虑已做绝育手术或因其他原因丧失生育能力一方的合理要求。在本案中，王某在生育第一个孩子后，就做了绝育手术，以后不会再生育子女。这种情况，法院会基于法律的有关规定，根据王某的要求，酌情照顾。

◆ **法律条文**

《中华人民共和国妇女权益保障法》

第五十条　离婚时，女方因实施绝育手术或者其他原因丧失生育能力的，处理子女抚养问题，应在有利子女权益的条件下，照顾女方的合理要求。

《最高人民法院关于适用〈中华人民共和国民法典〉婚姻家庭编的解释（一）》

第四十六条　对已满两周岁的未成年子女，父母均要求直接抚养，一方有下列情形之一的，可予优先考虑：

（一）已做绝育手术或者因其他原因丧失生育能力；

……

深度解析

　　当离婚事件发生时，子女抚养问题往往难以决断，无论跟随父亲一方还是母亲一方，对子女的成长都是既有利又有弊的，父母双方和法院都应该慎重考虑。如果夫妻双方都想让孩子跟随自己生活，法院可以本着照顾不能生育一方的原则，在不影响孩子身心健康的前提下，将孩子的抚养权交给不能生育的一方。

51. 夫妻离婚后，享有抚养权的一方可以不让另一方见孩子吗？

◆ **案例分析**

郭某与前夫离婚后一直自己带着儿子小刚生活。2019 年 9 月，郭某经人介绍认识了张某，两人相处得很好，并打算于 2020 年年底结婚。为了能让小刚和继父张某更好地相处，郭某便通知乔某，让其以后不得见小刚。那么，郭某的做法对吗？

郭某不能阻止孩子的亲生父亲乔某见孩子。我国法律规定，除了子女被其他人合法收养外，父母与子女的关系不会改变，即使夫妻双方离婚，婚姻关系结束，他们与子女之间的亲子关系也不会结束。夫妻双方离婚后，不与子女共同生活的一方有探望子女的权利，与子女共同生活的一方应当协助。除享有探望权的一方的行为有损子女的权利和成长外，任何人不得剥夺其探望权。

本案中，虽然郭某与乔某离婚了，但是，乔某与孩子的父子关系不会随着婚姻关系的结束而结束。作为孩子的父亲，乔某当然有权探望孩子，这是法律赋予乔某的权利，任何人都不能剥夺这个权利。除非乔某的探望给孩子带来不利的影响，郭某想中止乔某的探望权也只能向法院提出中止乔某探望的申请，不能私自阻挠乔某与孩子见面。

◆ **法律条文**

《中华人民共和国民法典》

第一千零八十六条 离婚后，不直接抚养子女的父或者母，有探望子女的权利，另一方有协助的义务。

行使探望权利的方式、时间由当事人协议；协议不成的，由人民法院判决。

父或者母探望子女，不利于子女身心健康的，由人民法院依法中止探望；中止的事由消失后，应当恢复探望。

深度解析

父母婚姻关系的终结并不能改变父母与子女的血缘身份关系。在发生探望权纠纷时，首先需要由双方当事人协商。当双方无法达成一致意见时，可以请求人民法院作出判决。如果享有探望权的一方无力抚养子女，或判其抚养子女存在不利于子女身心健康发展的情形，即使享有监护权的父母一方拒不履行协助义务令其不能探望子女，法院也不能当然判决抚养关系的变更。

52. 离婚后的夫妻应如何确定双方支付抚育费的数额？

◆ 案例分析

　　艳艳的父母离婚了，原因是父亲在外出打工时有了外遇，艳艳的母亲觉得自己很委屈，两人离婚时艳艳的母亲提出了很多要求，比如：艳艳归自己抚养；艳艳的父亲每月要支付艳艳生活费5000元；家里的财产全部变卖后归到女儿艳艳的名下，留着女儿日后上学用；等等。艳艳的父亲虽然同意离婚，但是他觉得艳艳的母亲对抚育费的要求太苛刻了，于是向法院提起诉讼。那么，法院对于这个问题该如何判决呢？

　　《最高人民法院关于适用〈中华人民共和国民法典〉婚姻家庭编的解释（一）》第四十九条明确规定："抚养费的数额，可以根据子女的实际需要、父母双方的负担能力和当地的实际生活水平确定。有固定收入的，抚养费一般可以按其月总收入的百分之二十至三十的比例给付。负担两个以上子女抚养费的，比例可以适当提高，但一般不得超过月总收入的百分之五十。无固定收入的，抚养费的数额可以依据当年总收入或者同行业平均收入，参照上述比例确定。有特殊情况的，可以适当提高或者降低上述比例。"由此可见，关于子女抚育费用的具体数额，法律规定得比较灵活，针对不同的情况适用不同的标准：父母有固定收入的和没有固定收入的适用不同的标准；如果有特殊情况发生的，抚

育费的数额还可以提高或者降低。因此，艳艳母亲的过分要求是得不到法院认可的。

◆ 法律条文

《最高人民法院关于适用〈中华人民共和国民法典〉婚姻家庭编的解释（一）》

第四十九条 抚养费的数额，可以根据子女的实际需要、父母双方的负担能力和当地的实际生活水平确定。

有固定收入的，抚养费一般可以按其月总收入的百分之二十至三十的比例给付。负担两个以上子女抚养费的，比例可以适当提高，但一般不得超过月总收入的百分之五十。

无固定收入的，抚养费的数额可以依据当年总收入或者同行业平均收入，参照上述比例确定。

有特殊情况的，可以适当提高或者降低上述比例。

深度解析

"抚养费"，顾名思义，是抚养未成年人的健康成长所必需的费用，它包含日常的生活费、教育费、医疗费等内容。不直接抚养子女的一方给付子女的抚养费的具体数额，可由双方协商确定。协商不成的，人民法院依法判决，一般应当考虑子女的实际需要、父母的负担能力和当地的实际生活水平。如果遇有特殊情况，抚养费可以适当提高或者降低。

53. 子女可以物价上涨为由要求与母亲离婚的父亲增加生活费吗?

◆ **案例分析**

　　李某的父亲本来是个农民，后因其外出打工时偶遇了某房地产开发商的女儿梁某，两人很谈得来，在梁某的帮助下，李某的父亲开始自己承包工程并且赚了很多钱。后来，李某的父亲想和梁某结婚，所以和李某的母亲提出了离婚。离婚后，李某的母亲独自带着李某生活，李某的母亲身体不好，再加上近年来物价上涨了很多，李某和母亲生活得很艰难。于是，李某找到父亲想让其增加给自己的生活费，但是父亲没有同意。那么，李某父亲的做法对吗?

　　《民法典》第一千零八十五条规定："离婚后，子女由一方直接抚养的，另一方应当负担部分或者全部抚养费。负担费用的多少和期限的长短，由双方协议；协议不成的，由人民法院判决。前款规定的协议或者判决，不妨碍子女在必要时向父母任何一方提出超过协议或者判决原定数额的合理要求。"由此可见，由于物价上涨，子女是可以要求父母增加生活费的，但此增加不能是狮子大开口，必须在合理的范围内。本案中，李某有权要求父亲增加生活费，这是其所享有的权利，其父亲无权拒绝。

◆ **法律条文**

《中华人民共和国民法典》

第一千零八十五条　离婚后，子女由一方直接抚养的，另一方应当负担部分或者全部抚养费。负担费用的多少和期限的长短，由双方协议；协议不成的，由人民法院判决。

前款规定的协议或者判决，不妨碍子女在必要时向父母任何一方提出超过协议或者判决原定数额的合理要求。

深度解析

随着社会经济的发展以及人的具体情况不断变化，不仅每个人的经济状况有时会随着社会的变化而变化，而且，随着人们对物质生活要求的提高，以及消费水平的增长，子女在各方面的需求也会随之发生变化。因此，法律赋予子女可根据实际情况向父母任何一方提出超过原定抚养费数额的要求，即抚养费数额在一定条件下是可以变更的。

54. 夫妻离婚后，可以对孩子的抚养权进行变更吗？

◆ 案例分析

菁菁的父母因为经济问题离婚了，菁菁的母亲离开农村的家独自去了外地，菁菁的父亲带着她继续在农村生活。今年2月，菁菁的父亲被诊断患有肺癌，为了使孩子有一个更好的生活环境，菁菁的父亲向法院提起了诉讼，要求将菁菁的抚养权交给菁菁的母亲。那么，法院会支持这个请求吗？

法院会支持菁菁父亲的请求。我国法律有明确规定，与子女共同生活的一方因患严重疾病或因伤残无力继续抚养子女的，法院会依照当事人的诉讼请求，变更子女抚养权。本案中，菁菁父亲的身体状况已经不允许他再继续抚养孩子，法院会依法支持其诉讼请求。

◆ 法律条文

《最高人民法院关于适用〈中华人民共和国民法典〉婚姻家庭编的解释（一）》

第五十六条　具有下列情形之一，父母一方要求变更子女抚养关系的，人民法院应予支持：

（一）与子女共同生活的一方因患严重疾病或者因伤残无力继续抚养子女；

（二）与子女共同生活的一方不尽抚养义务或有虐待子女行为，或者其与子女共同生活对子女身心健康确有不利影响；

（三）已满八周岁的子女，愿随另一方生活，该方又有抚养能力；

（四）有其他正当理由需要变更。

第五十七条　父母双方协议变更子女抚养关系的，人民法院应予支持。

🪄 深度解析

当直接抚养子女的一方当事人无力抚养或是继续抚养已不利于子女的健康成长时，本着为被抚养人利益的考虑，一方当事人可以请求法院变更该子女的抚养权利，人民法院对此请求应该予以支持。

55. 生父母对非婚生子女有抚养义务吗?

◆ 案例分析

　　张某和自己的丈夫刘某结婚多年没有子嗣，后刘某外出打工时认识了乔某。为了有个儿子，刘某与乔某相好，结果乔某产下一女湘湘，刘某觉得女儿没用且非婚生，遂不相认。之后，湘湘一直跟着外祖母生活，她的权利长期得不到实现。那么，在这种情况下，湘湘有权要求自己的父母履行抚养义务吗？

　　湘湘有权要求自己的亲生父母履行抚养义务。在实际生活中，非婚生子女的地位是很尴尬的，通常得不到父母的承认，生活也没有保障。我国法律针对这样的问题，已经进行了非常明确的规定，即非婚生子女享有与婚生子女同等的权利，这就从立法上保障了非婚生子女的合法权益。本案中，刘某不得以是女孩子且湘湘为非婚生为由而拒绝抚养，作为子女的湘湘也有权要求其父母履行抚养义务。

◆ 法律条文

　　《中华人民共和国民法典》

　　第一千零七十一条　非婚生子女享有与婚生子女同等的权利，任何组织或者个人不得加以危害和歧视。

不直接抚养非婚生子女的生父或者生母，应当负担未成年子女或者不能独立生活的成年子女的抚养费。

深度解析

非婚生子女是指没有婚姻关系的男女所生的子女。非婚生子女主要包括以下几种情况：未婚男女或已婚男女与第三人发生性行为所生的子女、无效婚姻当事人所生子女以及妇女被强奸后所生的子女。非婚生子女与婚生子女享有同等的权利，法律保护非婚生子女所享有的一切权利。

56. 祖父母对父母双亡的孙子女有抚养的义务吗?

◆ **案例分析**

慧慧已经3岁了。几个月前,慧慧的父母带着慧慧去城里玩,不幸发生车祸,父母双方都去世了。此后,慧慧便一直跟着自己的祖父母生活。可是慧慧的叔叔觉得慧慧的父母去世后,其祖父母不应该承担起抚养慧慧的责任。那么,慧慧叔叔的说法对吗?

父母已经死亡或父母无力抚养子女时,祖父母和外祖父母如有负担能力,应履行抚养的义务。对此,《民法典》第一千零七十四条规定:"有负担能力的祖父母、外祖父母,对于父母已经死亡或者父母无力抚养的未成年孙子女、外孙子女,有抚养的义务。有负担能力的孙子女、外孙子女,对于子女已经死亡或者子女无力赡养的祖父母、外祖父母,有赡养的义务。"所以,慧慧叔叔的说法是错误的,慧慧的祖父母有能力也愿意抚养慧慧,在慧慧的父母去世后,应当履行抚养慧慧的义务。

◆ **法律条文**

《中华人民共和国民法典》

第一千零七十四条 有负担能力的祖父母、外祖父母,对于父母已经死亡或者父母无力抚养的未成年孙子女、外孙子女,有抚养的义务。

有负担能力的孙子女、外孙子女，对于子女已经死亡或者子女无力赡养的祖父母、外祖父母，有赡养的义务。

深度解析

祖父母和外祖父母对失去双亲的孙子女和外孙子女承担抚养义务，是建立在祖父母和外祖父母具有抚养能力的基础之上的。如果祖父母和外祖父母没有相应的抚养能力，则不需要承担相应的抚养义务。

57. 被收养的条件是什么？

◆ 案例分析

于某和丈夫郭某婚后多年没有子女，后来于某与郭某商议收养隔壁村一个 13 岁的无父无母的女孩。于某和郭某不顾该女孩的哭闹，强行将该女孩接过来并更名。那么，于某和郭某的收养行为合法吗？被收养人应该满足什么条件才能被收养？

根据《民法典》第一千零九十三条的规定，丧失父母的孤儿、查找不到生父母的未成年人以及生父母有特殊困难无力抚养的子女都可以被收养。此外还要注意，收养 8 周岁以上的未成年人的，应当征得被收养人的同意。本案中，被收养人已经 13 岁，于某和郭某没有征求被收养人的同意，强行将其收养，不符合法律的有关规定。

◆ 法律条文

《中华人民共和国民法典》

第一千零九十三条　下列未成年人，可以被收养：

（一）丧失父母的孤儿；

（二）查找不到生父母的未成年人；

（三）生父母有特殊困难无力抚养的子女。

第一千一百零四条 收养人收养与送养人送养，应当双方自愿。收养八周岁以上未成年人的，应当征得被收养人的同意。

> **深度解析**
>
> 　　我国法律关于收养的有关规定主要是为了保护被收养人的合法权益。当8周岁以上的未成年人被收养时，因为他们已经具有一定的辨别能力，所以确立收养关系时还应该征得他们的同意。

58. 收养人满足哪些条件后才可以对被收养人进行收养?

◆ 案例分析

钱某家住农村，兄弟 6 人，年轻时家境贫寒没能娶上媳妇，这两年农村的条件好了，但是钱某已经近 50 岁了，他觉得结婚也没什么必要了，于是他想要收养一个小孩，等自己老了有个依靠。那么，钱某符合我国法律规定的收养人应满足的条件吗？

根据《民法典》第一千零九十八条、第一千一百零二条的规定，收养人应当同时具备下列条件：（1）无子女或者只有一名子女；（2）有抚养、教育和保护被收养人的能力；（3）未患有在医学上认为不应当收养子女的疾病；（4）无不利于被收养人健康成长的违法犯罪记录；（5）年满 30 周岁。

本案中，如果钱某具有抚养、教育、保护孩子的能力，且未患有医学上认为不应当收养子女的疾病，就可以收养一个符合条件的儿童作为自己的子女。但是根据《民法典》第一千一百零二条的规定，钱某如果要收养女孩，则年龄必须与该女孩相差 40 周岁以上。

◆ 法律条文

《中华人民共和国民法典》

第一千零九十八条　收养人应当同时具备下列条件：

（一）无子女或者只有一名子女；

（二）有抚养、教育和保护被收养人的能力；

（三）未患有在医学上认为不应当收养子女的疾病；

（四）无不利于被收养人健康成长的违法犯罪记录；

（五）年满三十周岁。

第一千一百条　无子女的收养人可以收养两名子女；有子女的收养人只能收养一名子女。

收养孤儿、残疾未成年人或者儿童福利机构抚养的查找不到生父母的未成年人，可以不受前款和本法第一千零九十八条第一项规定的限制。

第一千一百零二条　无配偶者收养异性子女的，收养人与被收养人的年龄应当相差四十周岁以上。

深度解析

收养这一法律行为的目的在于使没有父母子女关系的人们之间产生拟制的法律上的父母子女关系。由于收养法律行为可以带来当事人人身关系和民事权利义务的变化，所以法律对于收养行为一般有比较严格的条件。符合条件的当事人在自愿、平等、协商的基础上，达成收养协议，按照法律规定的程序报主管机关进行收养登记后，收养关系便产生法律效力。

59. 孩子被收养后与其亲生父母还有关系吗?

◆ **案例分析**

樊某家住边远农村,家境贫寒无力抚养子女,所以将自己的女儿送给别人抚养。近两年来,樊某一家的生活条件有所改善,于是想将女儿认领回来。那么,樊某能将女儿认领回来吗?自己的孩子被别人收养后,孩子与自己还有关系吗?

樊某与被别人领养的女儿之间已经没有权利义务关系。根据《民法典》第一千一百一十一条的规定,自收养关系成立之日起,养子女与生父母及其他近亲属间的权利义务关系,因收养关系的成立而消除。本案中樊某的女儿被依法收养后,她与其亲生父母的权利义务关系就归于消灭。所以,樊某想单方面认领孩子是不可能的。

◆ **法律条文**

《中华人民共和国民法典》

第一千一百一十一条 自收养关系成立之日起,养父母与养子女间的权利义务关系,适用本法关于父母子女关系的规定;养子女与养父母的近亲属间的权利义务关系,适用本法关于子女与父母的近亲属关系的规定。

养子女与生父母以及其他近亲属间的权利义务关系,因收养关系的成立而消除。

深度解析

　　子女与生父母的权利义务关系随着收养关系的建立而消灭，生父母单方面认领孩子的行为不能得到法律的支持。但是被收养的子女成年后自愿承担对生父母的赡养义务的，法律也不会加以制止。

第八章
赡养法律知识

配偶

父母、子女

其他近亲属

无民事行为能力或者限制民事行为能力老年人监护人的确定顺序

其他愿意担任监护人的个人或者组织，但是须经被监护人住所地的居民委员会、村民委员会或者民政部门同意

赡养人应当履行对老年人经济上供养、生活上照料和精神上慰藉的义务，照顾老年人的特殊需要

赡养老年人的总体要求

赡养人是指老年人的子女以及其他依法负有赡养义务的人

赡养人的配偶应当协助赡养人履行赡养义务

赡养人应当使患病的老年人及时得到治疗和护理

对生活不能自理的老年人，赡养人应当承担照料责任

如何赡养患病老年人

对经济困难的老年人，应当提供医疗费用

不能亲自照料的，可以按照老年人的意愿委托他人或者养老机构等照料

妥善安排老年人住房

赡养人应当妥善安排老年人的住房，不得强迫老年人居住或者迁居条件低劣的房屋

老年人自有的或者承租的住房，子女或者其他亲属不得侵占，不得擅自改变产权关系或者租赁关系

老年人自有的住房，赡养人有维修的义务

妥善处理老年人田地

赡养人有义务耕种或者委托他人耕种老年人承包的田地

照管或者委托他人照管老年人的林木和牲畜等

收益归老年人所有

关照老年人精神需求

家庭成员应当关心老年人的精神需求，不得忽视、冷落老年人

与老年人分开居住的家庭成员，应当经常看望或者问候老年人

用人单位应当按照国家有关规定保障赡养人探亲休假的权利

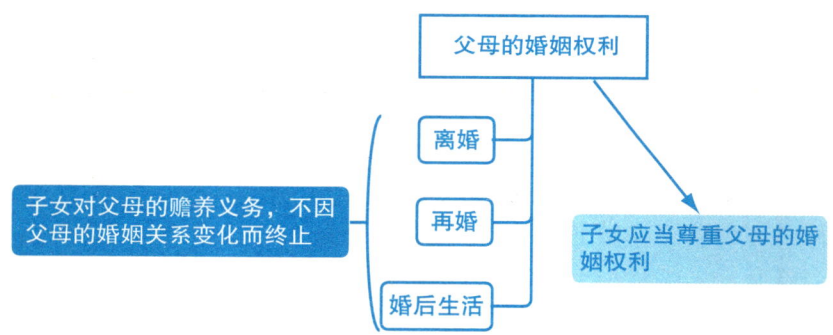

60. 老人生病不能自理，儿女不管不顾犯法吗?

◆ 案例分析

因为中风，段某偏瘫一直卧床不起。段某有三个儿子、两个女儿。段某生病后，同村的大女儿和邻村的小女儿经常照顾他，大儿子有时也过来给一些赡养费和医药费。但是二儿子和小儿子从来没有来过，没有尽过赡养义务，也没有出过医药费。老人觉得不能总是累着两个女儿和大儿子，于是把大家召集起来商量让几个孩子轮流赡养自己，孩子们当时都答应了，但是事后二儿子和小儿子依旧对老人不管不顾。在这种情况下，老人该怎么办呢?

养儿防老，父母辛辛苦苦地将子女抚养成人，尽自己所能满足子女的要求，并不是图子女将来有多大的回报。可是作为子女，从小受父母恩泽，长大后照顾有病卧床不起的父母是应尽的义务。《老年人权益保障法》第十五条规定，赡养人应当使患病的老年人及时得到治疗和护理;对经济困难的老年人，应当提供医疗费用。对生活不能自理的老年人，赡养人应当承担照料责任;不能亲自照料的，可以按照老年人的意愿委托他人或者养老机构等照料。

本案中，段某的二儿子和小儿子有义务支付老人的医疗费用，并对其生活起居进行照顾。如果其加以拒绝，不仅违背了道德要求，也违反了我国的法律规定。

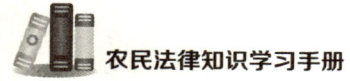
◆ **法律条文**

《中华人民共和国老年人权益保障法》

第十五条 赡养人应当使患病的老年人及时得到治疗和护理；对经济困难的老年人，应当提供医疗费用。

对生活不能自理的老年人，赡养人应当承担照料责任；不能亲自照料的，可以按照老年人的意愿委托他人或者养老机构等照料。

第七十六条 干涉老年人婚姻自由，对老年人负有赡养义务、扶养义务而拒绝赡养、扶养，虐待老年人或者对老年人实施家庭暴力的，由有关单位给予批评教育；构成违反治安管理行为的，依法给予治安管理处罚；构成犯罪的，依法追究刑事责任。

深度解析

照顾和赡养老人是赡养人应尽的义务。针对老年人的权益，国家专门出台了法律加以保护。子女不尽赡养义务违反的不仅仅是道德层面的义务，而且违反了法定义务。"老有所依，老有所养，老有所医"，我们应当让老年人的合法权益受到保护。

61. 为结婚让父母搬走的做法违法吗?

◆ 案例分析

梁某本科毕业后，家里人就开始准备给他相亲。今年年初，经同村人介绍，梁某和余某相识并相处得很好，于是商量结婚的事情。因为梁某父亲腿有残疾，母亲腰不好，所以家里条件很一般，但父母为了给梁某娶媳妇，把自己住的房子卖了，用卖房的钱给梁某盖上了新房。眼看婚期将至，梁某却对父母说，女方说了，男方父母不能跟着住到一起，所以父母不能住进新房。梁某父母无奈，只好搬到亲戚家住。梁某的这种做法违法吗?

父母对子女有抚养的义务，子女对父母有赡养的义务，子女对父母的赡养包括为父母提供必要的物质生活条件和精神生活条件。有关老人住房方面，《老年人权益保障法》明确规定，赡养人应当妥善安排老年人的住房，不得强迫老年人居住或者迁居条件低劣的房屋。梁某的父母倾尽自己的所有给梁某盖房子娶媳妇，但儿子为了结婚让无依无靠的父母搬出家，这不仅违背了道德要求，更是触犯了法律，其恶劣的行为会受到法律的制裁。

◆ 法律条文

《中华人民共和国老年人权益保障法》

第十六条　赡养人应当妥善安排老年人的住房，不得强迫老年

人居住或者迁居条件低劣的房屋。

老年人自有的或者承租的住房，子女或者其他亲属不得侵占，不得擅自改变产权关系或者租赁关系。

老年人自有的住房，赡养人有维修的义务。

第七十七条　家庭成员盗窃、诈骗、抢夺、侵占、勒索、故意损毁老年人财物，构成违反治安管理行为的，依法给予治安管理处罚；构成犯罪的，依法追究刑事责任。

> **深度解析**
>
> 保障一个人的基本生活条件，就要保障其基本的衣食住行。当父母年事已高时，儿女有义务保障父母的衣食住行，这是履行赡养义务的体现，也是法律层面的要求，充分保障了老年人作为弱势群体对房屋的所有权以及对自己拥有的不动产所享有的权利。

62. 儿子帮父母种地，收益归谁?

◆ 案例分析

张某夫妇承包了村里 4 亩地，种了 5 年后，张某被查出腰肌劳损，以后无法干重活，张某的老伴儿也年事已高，老两口种不了自己包的地。张某夫妇和孩子们商量了一下，想让孩子们帮着种，毕竟这些地还没有到承包期限。大儿子同意帮老两口种地，但是两年过去后，老大并没有将种地的收益给老两口。老两口向儿子要钱的时候，儿子说地是自己种的，收益当然应该归自己。那么老两口能要回这笔种地的收益吗?

父母是未成年子女的法定监护人，子女为年迈父母的法定监护人，子女在父母年老后应履行监护人的责任。对于老人的土地管理和收益的归属问题，《老年人权益保障法》规定，赡养人有义务耕种或者委托他人耕种老年人承包的田地，照管或者委托他人照管老年人的林木和牲畜等，收益归老年人所有。本案中，张某的儿子作为张某夫妇的赡养人，有义务耕种老人的田地，但是耕地上的收成仍归两位老人所有，张某不能据为己有，其拒绝给予老人收益的行为违反了我国法律规定。

◆ **法律条文**

《中华人民共和国老年人权益保障法》

第十七条 赡养人有义务耕种或者委托他人耕种老年人承包的田地，照管或者委托他人照管老年人的林木和牲畜等，收益归老年人所有。

深度解析

老人的不动产在老人去世以前只归老人所有。因不动产产生孳息收益和买卖收益，老人都有权利取得。子女在对老人尽赡养义务时也应该明白的一点是，赡养义务与老人的财产是两个法律关系，并不是说尽了赡养义务就可以取得老人的不动产及其收益。

63. 继承遗产跟年纪有关系吗？

◆ 案例分析

　　毛某的老伴儿雷某得了脑血栓，经历了为期两年的治疗后去世。毛某家有两个儿子、一个女儿，三个孩子都已经结婚。由于觉得毛某一个人在家孤单，没人照顾，两个儿子便商量两家轮流赡养老人，毛某也同意。后大儿子提出因为母亲雷某已经去世，并且父亲开始由两个孩子赡养，所以可以对其财产进行分割。但是在两个儿子商量的分割方案里面并没有给毛某留下雷某的遗产，因为孩子觉得毛某自己的财产也够毛某平时花销，并且毛某的年纪也大了，又有孩子赡养，所以就不用分割财产了。请问，毛某有得到老伴儿遗产的权利吗？

　　根据《民法典》的规定，遗产的第一顺序继承人是配偶、子女和父母，即被继承人的第一顺序的法定继承人，这些人在被继承人死后均有权利继承遗产。此外，《老年人权益保障法》第二十二条第二款规定："老年人有依法继承父母、配偶、子女或者其他亲属遗产的权利，有接受赠与的权利。子女或者其他亲属不得侵占、抢夺、转移、隐匿或者损毁应当由老年人继承或者接受赠与的财产。"

　　本案中，针对毛某老伴儿雷某留下的遗产，按照法律规定毛某是合法的第一顺序继承人，其有权继承老伴儿雷某留下的遗产，两

个儿子以其年纪大且有人照顾为由剥夺其继承遗产的权利是违反我国法律规定的。

◆ **法律条文**

《中华人民共和国民法典》

第一千一百二十七条 遗产按照下列顺序继承：

（一）第一顺序：配偶、子女、父母；

（二）第二顺序：兄弟姐妹、祖父母、外祖父母。

继承开始后，由第一顺序继承人继承，第二顺序继承人不继承；没有第一顺序继承人继承的，由第二顺序继承人继承。

……

《中华人民共和国老年人权益保障法》

第二十二条第二款 老年人有依法继承父母、配偶、子女或者其他亲属遗产的权利，有接受赠与的权利。子女或者其他亲属不得侵占、抢夺、转移、隐匿或者损毁应当由老年人继承或者接受赠与的财产。

深度解析

继承权是自然人基于一定的身份关系享有的权利，并且依照法律的直接规定或者合法有效的遗嘱而享有。法律层面上分顺序继承，当第一顺位的继承人存在时，第二顺位的继承人的继承权就不会启动。只要有遗产，并且是顺位内的继承人，就都享有继承权，任何人都不能剥夺。

64. 子女订立分开赡养父母的协议，老人应该怎么做？

◆ 案例分析

　　贾某和老伴儿今年都已经 72 岁，因为两人行动不便，又没有生活来源，所以孩子们商量决定轮流对老人进行赡养。贾某家有三个儿子，老大在北京工作并且已经安家，所以老大出赡养费由老二和老三对两位老人进行赡养。因为觉得让父母轮流去两家太麻烦，所以两个儿子订立了一份协议，约定让父亲去老二家住，母亲来老三家住。但是父母内心并不同意，只是觉得毕竟是在儿子家住，不好说什么。实际上到孩子那里后，两位老人也没有受到很好的赡养，还得经常到地里给孩子们干农活。这种情况下老人应该怎么办？

　　《宪法》《民法典》都有明确规定，成年子女有赡养扶助父母的义务。而根据《老年人权益保障法》的规定，赡养人应当履行对老年人经济上供养、生活上照料和精神上慰藉的义务，并照顾老年人的特殊需要。赡养人之间可以就履行赡养义务签订协议，但必须征得老年人同意，并保证上述赡养义务得以履行。由本案情形可见，两个小儿子与父母签订分别赡养协议，并非出于贾某及其老伴儿的意愿。且贾某的两个儿子也没有很好地履行对父母经济上供养、生活上照料和精神上慰藉的义务，因此该协议无效。贾某及其老伴儿可以要求两个儿子给付赡养费，也可以要求到其中一个儿子家居住，另一个儿子给付赡养费。如果儿子们仍不履行赡养义务，则贾某及其老伴儿可以向当地的基层人民法院提起诉讼，要求儿子们很好地履行赡养义务。

◆ 法律条文

《中华人民共和国民法典》

第二十六条 父母对未成年子女负有抚养、教育和保护的义务。

成年子女对父母负有赡养、扶助和保护的义务。

第一千零六十七条第二款 成年子女不履行赡养义务的，缺乏劳动能力或者生活困难的父母，有要求成年子女给付赡养费的权利。

《中华人民共和国老年人权益保障法》

第十四条第一款 赡养人应当履行对老年人经济上供养、生活上照料和精神上慰藉的义务，照顾老年人的特殊需要。

第十九条 赡养人不得以放弃继承权或者其他理由，拒绝履行赡养义务。

赡养人不履行赡养义务，老年人有要求赡养人付给赡养费等权利。

赡养人不得要求老年人承担力不能及的劳动。

第二十条 经老年人同意，赡养人之间可以就履行赡养义务签订协议。赡养协议的内容不得违反法律的规定和老年人的意愿。

基层群众性自治组织、老年人组织或者赡养人所在单位监督协议的履行。

深度解析

　　对不在一起生活的父母，子女应根据父母的实际生活需要和自身的负担能力，给付一定的赡养费用。赡养费用一般不低于子女本人或当地的普通生活水平，有两个以上子女的，可依据不同的经济条件，共同负担赡养费用。经济条件较好的子女应当自觉、主动地承担较大的责任。赡养人之间也可以就履行赡养义务签订协议，并征得老年人的同意。

65. 断绝父女关系就可以不履行赡养义务了吗?

◆ 案例分析

　　刘某的父母都是农民,刘某是独生女。在外上大学时,刘某结交了一些品行不端的朋友,染上吸烟习惯,交了一个无业游民当男朋友,并且未婚先孕。刘某的父母知道后大怒,要求女儿和男友分手,女儿不答应,甚至和男友私奔了。过了几年以后,刘某回家看望父母,但父母依然不能原谅她,父亲甚至还生气地说要和她断绝关系,从此以后刘某不再是他们的孩子。后刘某的父母身体状况欠佳,要求女儿尽赡养义务,刘某说因为家人早已和自己断绝关系,所以自己现在没有赡养父母的义务。刘某的说法对吗?

　　父母子女关系是一种自然的血缘关系,它只能因死亡或子女被他人依法收养而终止,除此之外不能人为地消除或改变。本案中,刘某的父母说断绝关系不过是气愤、失望之下所说的气话,而且是在女儿上大学成年之后说的。

　　刘某父母年老后,其女儿具有赡养扶助的能力,应该履行对父母的赡养扶助义务。刘某父母有权利要求刘某赡养他们或给付赡养费。如果刘某拒绝履行,刘某父母则可以请村民委员会调解,或者直接向人民法院起诉,要求刘某履行赡养义务。

◆ 法律条文

《中华人民共和国民法典》

第二十六条　父母对未成年子女负有抚养、教育和保护的义务。

成年子女对父母负有赡养、扶助和保护的义务。

第一千零六十七条第二款　成年子女不履行赡养义务的，缺乏劳动能力或者生活困难的父母，有要求成年子女给付赡养费的权利。

深度解析

儿女对父母的赡养义务是法定的，并且我国的血亲关系不是说断绝就能断绝的。就算父母没有尽到抚养义务，子女不对父母履行赡养义务也是违法的。赡养义务不是约定的，而是法律规定的，我们必须遵守。

第九章
继承法律知识

故意杀害被继承人

为争夺遗产而杀害其他继承人

继承人丧失继承权的行为
（受遗赠人丧失受遗赠权的行为）

遗弃被继承人，或者虐待被继承人情节严重

伪造、篡改、隐匿或者销毁遗嘱，情节严重

继承人有这些行为，确有悔改表现，被继承人表示宽恕或者事后在遗嘱中将其列为继承人的，该继承人不丧失继承权

以欺诈、胁迫手段迫使或者妨碍被继承人设立、变更或者撤回遗嘱，情节严重

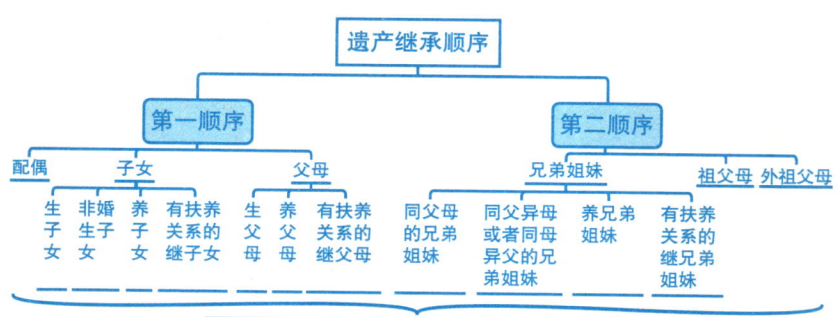

遗产继承顺序

第一顺序

第二顺序

配偶　　　子女　　　父母

生子女　非婚生子女　养子女　有扶养关系的继子女　生父母　养父母　有扶养关系的继父母

兄弟姐妹　　　祖父母 外祖父母

同父母的兄弟姐妹　同父异母或者同母异父的兄弟姐妹　养兄弟姐妹　有扶养关系的继兄弟姐妹

继承开始后，由第一顺序继承人继承，第二顺序继承人不继承；没有第一顺序继承人继承的，由第二顺序继承人继承

不能作为遗嘱见证人的
- 无民事行为能力人、限制民事行为能力人以及其他不具有见证能力的人
- 继承人、受遗赠人
- 与继承人、受遗赠人有利害关系的人

无效的遗嘱
- 无民事行为能力人或者限制民事行为能力人所立的遗嘱无效
- 遗嘱必须表示遗嘱人的真实意思，受欺诈、胁迫所立的遗嘱无效
- 伪造的遗嘱无效
- 遗嘱被篡改的，篡改的内容无效

遗产管理人应当履行的职责
- 处理被继承人的债权债务
- 按照遗嘱或者依照法律规定分割遗产
- 实施与管理遗产有关的其他必要行为
- 清理遗产并制作遗产清单
- 向继承人报告遗产情况
- 采取必要措施防止遗产毁损、灭失

有遗嘱的遗产中，有关部分按照法定继承办理的情形

遗嘱继承人放弃继承或者受遗赠人放弃受遗赠

遗嘱继承人、受遗赠人先于遗嘱人死亡或者终止

遗嘱未处分的遗产

遗嘱继承人丧失继承权或者受遗赠人丧失受遗赠权

遗嘱无效部分所涉及的遗产

66. 在法定继承当中应该如何确定继承顺序？

◆ 案例分析

林某是某村的农民，一生勤俭节约，到过世时留有 10 万元现金和一处平房。林某中年丧妻，只有三个儿子、两个女儿，父母也早已过世，林某死前并没有对财产分配问题立下遗嘱。那么，在这种情况下林某的遗产该怎样继承呢？

《民法典》第一千一百二十七条对法定继承的顺序有明确的规定。基本上是按照家庭生活中家庭成员之间的关系确定的，反映了家庭成员间亲疏远近的程度，按照亲密至疏远的顺序排列。第一顺序继承人为配偶、子女、父母，第二顺序继承人为兄弟姐妹、祖父母、外祖父母。法定继承开始后，由第一顺序继承人继承，没有第一顺序继承人的，由第二顺序继承人继承。本案中，林某的配偶和父母已经过世，因此由林某的三个儿子、两个女儿继承遗产。

◆ 法律条文

《中华人民共和国民法典》

第一千一百二十七条 遗产按照下列顺序继承：

（一）第一顺序：配偶、子女、父母；

（二）第二顺序：兄弟姐妹、祖父母、外祖父母。

继承开始后，由第一顺序继承人继承，第二顺序继承人不继

承；没有第一顺序继承人继承的，由第二顺序继承人继承。

本编所称子女，包括婚生子女、非婚生子女、养子女和有扶养关系的继子女。

本编所称父母，包括生父母、养父母和有扶养关系的继父母。

本编所称兄弟姐妹，包括同父母的兄弟姐妹、同父异母或者同母异父的兄弟姐妹、养兄弟姐妹、有扶养关系的继兄弟姐妹。

第一千一百二十八条　被继承人的子女先于被继承人死亡的，由被继承人的子女的直系晚辈血亲代位继承。

被继承人的兄弟姐妹先于被继承人死亡的，由被继承人的兄弟姐妹的子女代位继承。

代位继承人一般只能继承被代位继承人有权继承的遗产份额。

第一千一百二十九条　丧偶儿媳对公婆，丧偶女婿对岳父母，尽了主要赡养义务的，作为第一顺序继承人。

深度解析

　　法定继承是指在被继承人没有对其遗产的处理立有遗嘱的情况下，由法律直接规定继承人的范围、继承顺序、遗产分配的原则的一种继承形式。在法定继承中，参加继承的继承人范围、参加继承的顺序、继承人应继承的遗产份额以及遗产的分配原则，都是由法律直接规定的。因而法定继承并不直接体现被继承人的意志，仅是法律依推定的被继承人的意思将其遗产由其近亲属继承。

67. 当互有继承权的人同时死亡时应该如何确定继承顺序？

◆ 案例分析

张某的父母已不在世，但还有一个哥哥。张某丧妻未再娶。张某的独生子张小某已 18 岁。张小某的母亲及外祖父母相继去世后，张某带着张小某外出到某煤矿打工。在一次意外事件中，张某和张小某连同其他几个矿工一起被困在了井底，当施救人员将他们救上来时由于井底缺少氧气，几个人已死亡。那么，像张某和张小某同时死亡的情况下该如何确定继承顺序呢？

《民法典》第一千一百二十一条第二款明确规定："相互有继承关系的数人在同一事件中死亡，难以确定死亡时间的，推定没有其他继承人的人先死亡。都有其他继承人，辈份不同的，推定长辈先死亡；辈份相同的，推定同时死亡，相互不发生继承。"可见，互相有继承关系的人在同一事故中死亡，难以确定死亡时间的，依法推定没有继承人的人先死亡。本案中，张小某未婚无子女，父母已死亡，没有继承人，应推定其先死亡。

◆ 法律条文

《中华人民共和国民法典》

第一千一百二十一条第二款 相互有继承关系的数人在同一事

件中死亡，难以确定死亡时间的，推定没有其他继承人的人先死亡。都有其他继承人，辈份不同的，推定长辈先死亡；辈份相同的，推定同时死亡，相互不发生继承。

深度解析

两个以上互有继承关系的人在同一事件中死亡，如何确定死亡的先后顺序，这是一个比较复杂并且关系到继承人切身利益的重要问题。我国有关推定死亡时间的解释，主要基于保护继承人的利益和遵循自然法则。其含义可概括为以下两点：一是根据实际死亡的先后时间确定，二是根据保护继承人利益和自然法则确定。

68. 自愿赡养孤寡老人的，当继承发生时赡养者可以分得遗产吗？

◆ 案例分析

许某是一名孤寡老人，年近七旬，无亲无眷独自生活。同村的梁某心地善良，看到老人独自生活很艰难，便经常照顾许某，直至 8 年后许某去世。那么，在这种情况下，梁某可以继承许某的遗产吗？

梁某可以分得老人的遗产。根据《民法典》相关规定，继承适用权利义务相一致原则，对被继承人尽了较多扶养义务的人，享有酌分遗产权，在被继承人死亡后，可以分得适当遗产。本案中，梁某虽不是该老人的继承人，但确实对被继承人尽了赡养义务，依法可以分得适当的遗产。

◆ 法律条文

《中华人民共和国民法典》

第一千一百三十一条 对继承人以外的依靠被继承人扶养的人，或者继承人以外的对被继承人扶养较多的人，可以分给适当的遗产。

 **深度解析**

　　这里指出有两种继承人以外的人，可以分得适当的遗产：第一种是依靠被继承人扶养的人。依靠被继承人扶养，是指全部或主要生活来源依赖于被继承人的提供。第二种是对被继承人生前扶养较多的人，即指在被继承人生前对其在经济上资助、生活上扶助的继承人之外的公民。这种扶养不是法律上必须履行的义务，而是出于道德心，自觉自愿提供的帮助。

69. 当被继承人立有遗嘱时，遗嘱继承与法定继承哪个优先？

◆ 案例分析

江某有三子一女，但是他们对江某都不闻不问，只有同村的李某看老人可怜，经常帮助他。去年 9 月江某去世，去世前其留有遗嘱，将自己的房屋留给李某，但是江某的孩子们并不同意。那么，当被继承人立有遗嘱时，遗嘱继承和法定继承哪个优先？

按照《民法典》第一千一百二十三条的规定，遗嘱继承与遗赠扶养协议优于法定继承。即继承开始后，有遗嘱的，先按照遗嘱继承；有遗赠扶养协议的，按照协议办理；两者都没有的，按照法定继承办理。本案中江某立有遗嘱，所以应该按照遗嘱办理。

◆ 法律条文

《中华人民共和国民法典》

第一千一百二十三条　继承开始后，按照法定继承办理；有遗嘱的，按照遗嘱继承或者遗赠办理；有遗赠扶养协议的，按照协议办理。

深度解析

　　根据我国法律的规定，继承应按照如下方式和顺序进行：有遗赠扶养协议的，应首先按此协议办理；没有遗赠扶养协议而有遗嘱的，应按遗嘱继承的方式办理；没有遗赠扶养协议，也没有遗嘱的，则按照法定继承的方式办理。这种遗赠扶养协议优于遗嘱继承，而遗嘱继承又优于法定继承的原则，充分体现了继承法律制度对被继承人生前依法处分其个人财产的独立意志的充分尊重和保护。

70. 被继承人订立了遗嘱，而后又对遗嘱财产进行了处理，原来的遗嘱还有效吗?

◆ 案例分析

2019 年 8 月，赵某被检查出患有肝癌，于是随即立了遗嘱，称自己死后将房产和 10 万元给两个儿子平分。而后，赵某为了治病又从该 10 万元中花去了 3 万元，那么，赵某以前订立的遗嘱还有效吗?

赵某订立的遗嘱部分被撤销，其他部分仍然有效。根据《民法典》第一千一百四十二条第二款的规定，如果遗嘱人生前的行为与遗嘱的意思表示相反，则应当视为对遗嘱相关内容的撤回。本案在继承开始前，赵某处分了遗嘱中涉及的部分财产，应当视为遗嘱的相关内容被撤回。

◆ 法律条文

《中华人民共和国民法典》

第一千一百四十二条第二款　立遗嘱后，遗嘱人实施与遗嘱内容相反的民事法律行为的，视为对遗嘱相关内容的撤回。

深度解析

　　遗嘱人在设立遗嘱后，可以依法撤回原立遗嘱的全部内容，也可以依法变更遗嘱的某些内容。如果遗嘱人在立遗嘱后实施与遗嘱内容相反的民事法律行为，即属于撤回了遗嘱的相关内容。此后，遗嘱人没有就该部分遗产立新遗嘱的，按法定继承处理。但是，撤回或变更遗嘱和设立遗嘱一样，遗嘱人必须具有完全民事行为能力，出于遗嘱人的真实意思表示，变更的内容和形式符合法律规定，否则变更、撤回行为无效，原先设立的遗嘱仍然有效。

71. 遗嘱人订立遗嘱后，其他人有权变更遗嘱内容吗？

◆ 案例分析

吴某中年丧偶，独自将一儿一女抚养长大，现在儿子和女儿都已经成家立业。去年夏天吴某被诊断出患有晚期肺癌，而后女儿长期照顾父亲，儿子却对父亲不管不问。不久前，吴某订立遗嘱，将自己的财产全给女儿。儿子知道后找到律师，要求变更遗嘱内容。那么，儿子有权利对父亲的遗嘱进行变更吗？

吴某的儿子无权这样做。吴某设立的遗嘱是其真实意思的表示，不能受到任何人的干扰。遗嘱一旦设立，除遗嘱人本人之外，其他任何人无权修改遗嘱。《民法典》第一千一百四十三条明确规定，遗嘱被篡改的，篡改的内容无效。

◆ 法律条文

《中华人民共和国民法典》

第一千一百四十三条第四款 遗嘱被篡改的，篡改的内容无效。

☆ 深度解析

篡改是指将遗嘱人所立的遗嘱在内容上作有利于自己的改变。遗嘱人订立遗嘱后，其子女无权对遗嘱内容进行变更。若遗嘱被篡改，由于所篡改的内容不是立遗嘱人真实意思的表示，也不能产生法律效力。

72. 公民生前留有遗嘱和遗赠扶养协议，执行时哪个优先？

◆ **案例分析**

于某年纪大了而儿女又都不在身边，于是自己雇了个保姆照顾自己的起居生活。三年前于某就曾立下遗嘱：死后自己的遗产儿女们平均分配。这三年来于某觉得照顾自己的保姆勤勤恳恳，对自己照顾得无微不至，所以又与该保姆签订了遗赠扶养协议，将自己的财产全部留给保姆。现在于某身亡，于某的遗产该如何分配呢？

《民法典》第一千一百二十三条规定："继承开始后，按照法定继承办理；有遗嘱的，按照遗嘱继承或者遗赠办理；有遗赠扶养协议的，按照协议办理。"据此可知，继承开始后，遗赠扶养协议具有优先适用效力，然后依次是遗嘱继承、法定继承。若被继承人生前既订立了遗嘱，又与他人订有遗赠扶养协议，而遗赠扶养协议与遗嘱的内容没有抵触，遗产分别按协议和遗嘱处理；如果遗赠扶养协议与遗嘱的内容有抵触，则按遗赠扶养协议的内容处理，与协议抵触的遗嘱全部或部分无效。本案中，于某所立的遗嘱和遗赠扶养协议的内容相冲突，因此应按遗赠扶养协议进行。

◆ 法律条文

《中华人民共和国民法典》

第一千一百二十三条　继承开始后，按照法定继承办理；有遗嘱的，按照遗嘱继承或者遗赠办理；有遗赠扶养协议的，按照协议办理。

第一千一百五十八条　自然人可以与继承人以外的组织或者个人签订遗赠扶养协议。按照协议，该组织或者个人承担该自然人生养死葬的义务，享有受遗赠的权利。

深度解析

遗赠扶养协议，是指公民与扶养人、集体所有制组织签订的有关扶养、遗赠的协议。遗赠扶养协议是由遗赠人与扶养人在意思表示一致的基础上达成的协议。它应以书面形式签订为宜。按照此协议，遗赠人享受被扶养的权利，承担将个人财产赠给扶养人的义务；扶养人承担遗赠人生养死葬的义务，享有取得被扶养人的遗产的权利。遗赠扶养协议一经签订，双方当事人必须认真遵守协议的各项约定，否则应承担违约责任。遗赠扶养协议与法定继承、遗嘱继承方式相比较，具有最强的法律效力。

73. 被继承人的子女没有履行赡养义务，那么该子女还有继承权吗？

◆ **案例分析**

韩某是某地的种粮大户，数年来攒下了不少积蓄。韩某有一儿一女，儿子大学毕业后去了国外，即使后来韩某病重儿子也没有回来。韩某一直和女儿一家生活直至去世。韩某临终时立下遗嘱，将自己的财产全部给女儿所有。韩某的儿子知道后从国外赶了回来争夺遗产，他认为自己是父亲的儿子，理应有继承权。那么，韩某的儿子应该享有继承权吗？

韩某之子不再享有继承权。根据《民法典》第一千一百二十五条的规定，除非被继承人表示宽恕或在遗嘱中将其列为继承人，继承人遗弃或虐待被继承人情节严重的，将丧失继承权。如果情节极为恶劣的，还可以根据《刑法》的规定追究其刑事责任。本案中，韩某之子没有履行赡养义务，因而不再享有继承权。

◆ **法律条文**

《中华人民共和国民法典》

第一千一百二十五条 继承人有下列行为之一的，丧失继承权：

……

（三）遗弃被继承人，或者虐待被继承人情节严重；

......

继承人有前款第三项至第五项行为，确有悔改表现，被继承人表示宽恕或者事后在遗嘱中将其列为继承人的，该继承人不丧失继承权。

......

深度解析

遗弃被继承人，是指继承人对没有劳动能力和独立生活来源或者独立生活能力的被继承人负有法定的扶养和赡养的义务，但拒不履行义务的行为。虐待被继承人，是指继承人在被继承人生前对其经常进行肉体摧残或精神折磨。虐待被继承人情节严重的，丧失继承权。继承人遗弃被继承人，或虐待被继承人情节严重的，不论其是否构成犯罪及是否被追究刑事责任，都应确认其丧失继承权。但如果其以后确有悔改表现，而且被虐待人、被遗弃人生前又表示宽恕的，可不确认其丧失继承权。

第十章
打工维权法律知识

劳动报酬

社会保险

劳动保护、劳动条件和职业危害防护

法律、法规规定应当纳入劳动合同的其他事项

劳动合同的内容条款

用人单位的名称、住所和法定代表人或者主要负责人

劳动者的姓名、住址和居民身份证或者其他有效身份证件号码

劳动合同期限

工作内容和工作地点

工作时间和休息休假

劳动合同除前面规定的必备条款外，用人单位与劳动者可以约定试用期、培训、保守秘密、补充保险和福利待遇等其他事项

针对拖欠农民工工资

被拖欠工资的农民工有权依法投诉，或者申请劳动争议调解仲裁和提起诉讼

任何单位和个人对拖欠农民工工资的行为，有权向人力资源社会保障行政部门或者其他有关部门举报

人力资源社会保障行政部门和其他有关部门应当公开举报投诉电话、网站等渠道，依法接受对拖欠农民工工资行为的举报、投诉。对于举报、投诉的处理实行首问负责制，属于本部门受理的，应当依法及时处理；不属于本部门受理的，应当及时转送相关部门，相关部门应当依法及时处理，并将处理结果告知举报、投诉人

未按照劳动合同约定提供劳动保护或者劳动条件的

未及时足额支付劳动报酬的

未依法为劳动者缴纳社会保险费的

用人单位的规章制度违反法律、法规的规定，损害劳动者权益的

劳动者单方解除劳动合同的情形

劳动合同无效的情形

以欺诈、胁迫的手段或者乘人之危，使对方在违背真实意思的情况下订立或者变更劳动合同的

用人单位免除自己的法定责任、排除劳动者权利的

违反法律、行政法规强制性规定的

法律、行政法规规定劳动者可以解除劳动合同的其他情形

用人单位以暴力、威胁或者非法限制人身自由的手段强迫劳动者劳动的，或者用人单位违章指挥、强令冒险作业危及劳动者人身安全的，劳动者可以立即解除劳动合同，不需事先告知用人单位

用人单位不得解除劳动合同的情形

从事接触职业病危害作业的劳动者未进行离岗前职业健康检查，或者疑似职业病病人在诊断或者医学观察期间的

患病或者非因工负伤，在规定的医疗期内的

在本单位连续工作满十五年，且距法定退休年龄不足五年的

在本单位患职业病或者因工负伤并被确认丧失或者部分丧失劳动能力的

女职工在孕期、产期、哺乳期的

法律、行政法规规定的其他情形

劳务派遣中用工单位的义务

执行国家劳动标准，提供相应的劳动条件和劳动保护

告知被派遣劳动者的工作要求和劳动报酬

支付加班费、绩效奖金，提供与工作岗位相关的福利待遇

对在岗被派遣劳动者进行工作岗位所必需的培训

连续用工的，实行正常的工资调整机制

用工单位不得将被派遣劳动者再派遣到其他用人单位

用人单位应当依法安排劳动者休假的节日

元旦

春节

国际劳动节

国庆节

法律、法规规定的其他休假节日

用人单位应当支付高于劳动者正常工作时间工资的工资报酬的情形与标准

安排劳动者延长工作时间的，支付不低于工资的百分之一百五十的工资报酬

休息日安排劳动者工作又不能补休的，支付不低于工资的百分之二百的工资报酬

法定休假日安排劳动者工作的，支付不低于工资的百分之三百的工资报酬

在工作时间和工作场所内，因工作原因受到事故伤害的

工作时间前后在工作场所内，从事与工作有关的预备性或者收尾性工作受到事故伤害的

在工作时间和工作场所内，因履行工作职责受到暴力等意外伤害的

患职业病的

因工外出期间，由于工作原因受到伤害或者发生事故下落不明的

在上下班途中，受到非本人主要责任的交通事故或者城市轨道交通、客运轮渡、火车事故伤害的

法律、行政法规规定应当认定为工伤的其他情形

故意犯罪的

醉酒或者吸毒的

自残或者自杀的

工伤

应当认定为工伤的情形

视同工伤的情形

不得认定为工伤或者视同工伤的情形

在工作时间和工作岗位，突发疾病死亡或者在48小时之内经抢救无效死亡的

在抢险救灾等维护国家利益、公共利益活动中受到伤害的

职工原在军队服役，因战、因公负伤致残，已取得革命伤残军人证，到用人单位后旧伤复发的

74. 未签订劳动合同的，是否仍然能够形成劳动关系？

◆ 案例分析

　　刘某初中毕业后不久就告别父母进城打工，几经波折在某商务公司找到一份保安的工作，试用期是两个月，试用期内月工资为 1500 元，试用期后月工资为 2000 元。刘某工作非常努力，顺利通过了试用期。刘某工作半年后，该公司无故将刘某辞退，刘某要求公司给付未发放的工资 2000 元，公司人事部门称，工资不退，抵扣保安服装费用。刘某非常生气，表示一定要找相关部门反映情况，人事部门声称刘某没有与公司签订合同，未与公司建立劳动关系，找什么部门都没用。那么，未签订劳动合同的，是否能形成劳动关系？

　　实践中，用人单位不与聘用的劳动者订立劳动合同的现象时有发生，发生争议时，劳动者的合法权益难以维护。但是，签订劳动合同并不是劳动关系成立的唯一证明，根据《劳动合同法》第十条的规定，劳动关系自用人单位用工之日起建立。已建立劳动关系，未同时订立书面劳动合同的，应当自用工之日起一个月内订立书面劳动合同。如果用人单位招用劳动者未订立劳动合同，但劳动者只要能出示工资支付凭证、缴纳社会保险费的记录、用人单位发放的工作证和服务证、劳动者填写的用人单位招聘登记表和报名表以及考勤记录等，就可以证明双方劳动关系的存在。只要劳动者能证明劳动关系的存在，即使没有书面劳动合同，他也可以向公司索要劳动报酬。而且根据《劳动合同法》第八十二条第一款的规定，如果用人单位不与劳动者签订劳动合同，自劳动者进入公司一个月至一年这段时间，劳动者可以要求公司每月支付其二倍的工资。因此，本案中，刘某不但有权向相关部门反映情况，要求公司承认双方之间存在事实劳动关系，并支付拖欠的工资，还可以向相关部门主张公司支付其入职一个月后至离职前这段时间的双倍工资。

◆ 法律条文

《中华人民共和国劳动合同法》

第十条　建立劳动关系，应当订立书面劳动合同。

已建立劳动关系，未同时订立书面劳动合同的，应当自用工之日起一个月内订立书面劳动合同。

用人单位与劳动者在用工前订立劳动合同的，劳动关系自用工之日起建立。

第八十二条第一款　用人单位自用工之日起超过一个月不满一年未与劳动者订立书面劳动合同的，应当向劳动者每月支付二倍的工资。

《劳动部关于贯彻执行〈中华人民共和国劳动法〉若干问题的意见》

17. 用人单位与劳动者之间形成了事实劳动关系，而用人单位故意拖延不订立劳动合同，劳动行政部门应予以纠正。用人单位因

此给劳动者造成损害的，应按劳动部《违反〈劳动法〉有关劳动合同规定的赔偿办法》（劳部发〔1995〕223号）的规定进行赔偿。

 **深度解析**

　　劳动合同是劳动者与用人单位之间确立劳动关系、明确双方权利和义务的协议。在用人单位与劳动者建立劳动关系的同时，应当自用工之日起一个月内订立书面劳动合同。建立劳动关系的唯一标准是实际提供劳动，不论劳动者是否签订书面劳动合同，都将受到同等的保护。签订书面劳动合同在前，实际用工在后的，劳动关系自实际提供劳动之日起建立；实际用工在前，签订书面劳动合同在后的，劳动关系早于书面劳动合同建立，劳动关系的建立不受未签订书面劳动合同的影响。

75. 发生工伤事故后，企业可以依据劳动合同中约定的"发生伤亡事故后果自负"条款免责吗？

◆ **案例分析**

　　周某结婚后不久就和同村的儿时伙伴外出打工，二人在某装修公司应聘了装修工人的工作，公司负责提供食宿，试用期为一个月，试用期过后每月工资为 3000 元。周某试用期过后，公司人事部门通知他签订劳动合同，周某拿到合同后仔细看了一遍，发现合同中有关于工伤的约定，具体内容为"发生伤亡事故后果自负，与公司无关"。周某遂向人事部员工询问，该员工称所有的合同都是这样约定的，要想在这儿干就得这样签。周某只好在合同上签字。两个月后周某工作时食指被工具砸断，周某找公司协商赔偿问题，公司却以合同条款规定伤亡自负为由拒绝予以赔偿。那么，该公司能因合同中约定了"发生伤亡事故后果自负"的条款免责吗？

　　《劳动合同法》第二十六条明确规定了劳动合同中用人单位免除自己的法定责任、排除劳动者权利的条款无效。工作中受到伤害的，企业应该承担员工所有的医疗费用。未给员工上工伤保险的，在员工的伤情构成伤残时，要依法承担员工的工伤赔偿。本案中，周某与该装修公司签订的合同中，"发生伤亡事故后果自负，与公司无关"明显是装修公司免除自己法定责任的条款，因此该条款是无效的。而合同的其他部分，如果没有违反相关的法律规定，应视为有效。装修行业是比较危险的行业，一些装修公司为了减少支出、扩大收益，会要求职工签订包含"发生伤亡事故后果自负"等类似条款的合同，这些条款加重了劳动者的负担，免除了公司的法定责任，失之公平，因此不能成为免责事由，公司不能以此作为逃避责任的理由。周某可以向该公司主张工伤赔偿，要求建筑公司支付医疗费用、护理费、一次性伤残补助金、一次性医疗补助金、一次性就业补助金、停工留薪期工资等。

◆ **法律条文**

《中华人民共和国劳动合同法》

第二十六条　下列劳动合同无效或者部分无效：

（一）以欺诈、胁迫的手段或者乘人之危，使对方在违背真实意思的情况下订立或者变更劳动合同的；

（二）用人单位免除自己的法定责任、排除劳动者权利的；

（三）违反法律、行政法规强制性规定的。

对劳动合同的无效或者部分无效有争议的，由劳动争议仲裁机构或者人民法院确认。

深度解析

用人单位免除自己的法定责任是指根据有关法律、法规和国家有关规定，该责任应当由用人单位承担，而用人单位通过劳动合同中的约定免除自己的责任。排除劳动者的权利是指该权利是有关法律、法规或是国家有关规定明确规定的，而用人单位通过劳动合同中的约定予以否定，明示劳动者不享有该权利。在签订劳动合同时，无论是用人单位免除自己的法定责任，还是排除劳动者的合法权利的，都属于无效的合同条款，不发生合同效力。

76. 劳务派遣的员工的工资应由谁发放？

◆ **案例分析**

　　曲某住在某偏远山区，为了给母亲筹集治病的钱，外出到城市打工。曲某经过中介的介绍与某劳务派遣公司签订了为期三年的劳动合同，后该公司将曲某派遣至某银行任保安，告知其每月工资为1800元，次月中旬直接发放到工资卡上。曲某到该银行工作，工作近两个月后，曲某的工资卡上也没有打进第一个月的工资。曲某想讨要工资，但是他不知道是应该找劳务派遣公司要，还是找银行要。那么，劳务派遣的员工的工资应该由谁发放呢？

　　《劳动合同法》第五十八条第二款规定："劳务派遣单位应当与被派遣劳动者订立二年以上的固定期限劳动合同，按月支付劳动报酬；被派遣劳动者在无工作期间，劳务派遣单位应当按照所在地人民政府规定的最低工资标准，向其按月支付报酬。"此外，该法第五十九条第一款规定："劳务派遣单位派遣劳动者应当与接受以劳务派遣形式用工的单位（以下称用工单位）订立劳务派遣协议。劳务派遣协议应当约定派遣岗位和人员数量、派遣期限、劳动报酬和社会保险费的数额与支付方式以及违反协议的责任。"由此可知，在劳务派遣关系中，用工单位通过与劳务派遣单位签订劳务派遣协议，由用工单位按照协议约定的支付方式向劳务派遣单位支付劳动报酬。劳务派遣公司作为用人单位应当给劳动者发放工资。需要注意的是，在现实生活中，为了方便劳动者领取工资，在用工单位和劳务派遣单位的劳务派遣协议中，也有约定由用工单位支付工资的情况，这样就解决了许多跨地区派遣劳动者领取工资不方便的问题。同时，为了保护被派遣劳动者的利益，劳动合同法规定被派遣劳动者在无工作期间，派遣单位应向劳动者支付报酬。本案中，曲某作为劳务派遣公司派遣的员工可以直接向劳务派遣公司讨要工资。

◆ **法律条文**

《中华人民共和国劳动合同法》

第五十八条第二款　劳务派遣单位应当与被派遣劳动者订立二年以上的固定期限劳动合同，按月支付劳动报酬；被派遣劳动者在无工作期间，劳务派遣单位应当按照所在地人民政府规定的最低工资标准，向其按月支付报酬。

第五十九条第一款　劳务派遣单位派遣劳动者应当与接受以劳务派遣形式用工的单位（以下称用工单位）订立劳务派遣协议。劳务派遣协议应当约定派遣岗位和人员数量、派遣期限、劳动报酬和社会保险费的数额与支付方式以及违反协议的责任。

 **深度解析**

　　劳务派遣中的劳动合同的期限是不低于两年的固定期限劳动合同，也就是说劳务派遣单位与被派遣劳动者之间是劳动关系，派遣单位就是用人单位，其要承担一般用人单位应承担的全部义务，如发放工资、缴纳社会保险、支付经济补偿金等义务，还承担提供劳动保护、安排劳动者休息休假等义务。

77. 劳务派遣公司可以向派遣的劳动者收取介绍费吗?

◆ 案例分析

姜某中专毕业后回到父母身边务农,他在家待了两年后就孤身一人外出务工。姜某因为在中专学习过电气焊,因此很快被一家劳务派遣公司录用。该劳务派遣公司向姜某承诺会给他联系工作单位,也会为其缴纳一定的社会保险。姜某觉得自己一到城市就能找到工作,还给交保险,心里非常满足。两天后,劳务派遣公司把姜某安排到一家五金制品厂上班,工资为每月 3500 元,次日正式上班。但同时劳务派遣公司告知姜某必须缴纳介绍费 500 元。那么,劳务派遣公司有权利向劳务派遣人员收取介绍费吗?

在现实生活中,很多劳务派遣组织是以劳务承包或劳务中介为主,兼营劳务派遣的。这些组织认为自己向劳动者提供了服务,就有权利从中提取一定数额的钱,作为自己的劳动所得。但是,根据《劳动合同法》第九条 "用人单位招用劳动者,不得扣押劳动者的居民身份证和其他证件,不得要求劳动者提供担保或者以其他名义向劳动者收取财物" 的规定,同时,《劳动合同法》第六十条第三款也规定:"劳务派遣单位和用工单位不得向被派遣劳动者收取费用。" 由此可见,劳务派遣公司以劳务派遣的名义招用劳动者,双方应当依照《劳动合同法》第五十八条的规定,签订二年以上的固定期限的劳动合同。劳务派遣单位是没有权利向劳动者收取任何费

用的，因为劳务派遣性质不同于"职业介绍中介"，不能以给劳动者介绍工作为由收取任何费用。本案中，劳务派遣公司招聘姜某到公司工作，就有义务为其进行劳务派遣，但其无权以介绍工作为由收取介绍费，姜某可以不向公司缴纳此费用。

◆ 法律条文

《中华人民共和国劳动合同法》

第九条 用人单位招用劳动者，不得扣押劳动者的居民身份证和其他证件，不得要求劳动者提供担保或者以其他名义向劳动者收取财物。

第六十条 劳务派遣单位应当将劳务派遣协议的内容告知被派遣劳动者。

劳务派遣单位不得克扣用工单位按照劳务派遣协议支付给被派遣劳动者的劳动报酬。

劳务派遣单位和用工单位不得向被派遣劳动者收取费用。

深度解析

用人单位招聘劳动者不能变相收取费用，以押金、借款、服装费等形式收费都是法律所禁止的。用人单位不能扣押劳动者的居民身份证或者其他证件，如暂住证、资格证书和其他证明个人身份的证件等。这些规定都是防止用人单位为了控制劳动者而侵犯劳动者的权益。

78. 劳务派遣公司与劳动者采取一年一签合同的方式合法吗？

◆ **案例分析**

梁某从偏远的山村到城市打工，做过送水工、保安等很多工作，但都是临时工，因此梁某非常希望能找到一份稳定的工作。后来梁某发现一家劳务派遣公司正在招工，遂到该公司应聘。梁某顺利通过了公司的面试。当梁某与公司签订劳动合同时，他发现公司的合同都是一年期的，又想到自己很多朋友到其他劳务派遣公司都是签三年或五年的劳动合同，没签过一年的。于是他向人事部员工询问能否签三年的劳动合同，但他得到的答复是所有的合同均是一年期的，到期再续。那么，劳务派遣公司能采取一年一签劳动合同的形式吗？

劳务派遣公司不能采取一年一签劳动合同的形式，我国法律规定劳动派遣合同期限最低为二年。从性质上看，劳务派遣公司与劳动者签订的协议属于劳动合同的范畴，但由于其与接受派遣的单位之间关系复杂，其劳动合同存在不同于一般劳动合同的方面，合同期限的规定就是其具体体现。根据《劳动合同法》第五十八条的规定，劳务派遣单位应当与被派遣劳动者订立二年以上的固定期限劳动合同，按月支付劳动报酬；被派遣劳动者在无工作期间，劳务派遣单位应当按照所在地人民政府规定的最低工资标准，向其按月支

付报酬。据此可以看出，法律强制要求派遣单位与劳动者签署最短二年的固定期限劳动合同，案例中梁某应聘的该劳务派遣公司只签订期限为一年的劳动合同的行为是违反法律规定的。

◆ 法律条文

《中华人民共和国劳动合同法》

第五十八条 劳务派遣单位是本法所称用人单位，应当履行用人单位对劳动者的义务。劳务派遣单位与被派遣劳动者订立的劳动合同，除应当载明本法第十七条规定的事项外，还应当载明被派遣劳动者的用工单位以及派遣期限、工作岗位等情况。

劳务派遣单位应当与被派遣劳动者订立二年以上的固定期限劳动合同，按月支付劳动报酬；被派遣劳动者在无工作期间，劳务派遣单位应当按照所在地人民政府规定的最低工资标准，向其按月支付报酬。

深度解析

一般的用人单位在与员工签订劳动合同时是可以签订一年期的劳动合同的，但是如果派遣单位也与劳动者订立一年期的劳动合同，那么势必会出现劳务派遣的劳动合同比用人单位的用工时间提前结束或是同时结束的情况，这样就非常不利于保障被劳务派遣人员的合法权益，因此《劳动合同法》第五十八条第二款明确规定了劳务派遣单位与被派遣劳动者最少订立二年以上的固定期限劳动合同。

79. 在一个派遣期内订立多个派遣协议合法吗?

◆ **案例分析**

　　刘某一直很向往城市的生活，考虑再三决定到城市里打工。他来到某城市后经人介绍到某劳务派遣公司工作，并与该公司签订了为期三年的劳动合同。后公司安排刘某到某纺织厂工作，工作时间为两年，每个月工资是基本工资加绩效奖金，每个月休息六天。但是刘某与公司签订的劳务派遣协议将派遣期分成了三个阶段。刘某对此工作非常满意，觉得分阶段也没什么，反正自己都是在那里工作两年，分几个阶段都无所谓。但是工作一年后，刘某发现自己没有年终奖金，也没有年休假，原因是自己的派遣期是分开计算的。那么，劳务派遣公司在一个派遣期内订立多个派遣协议的做法合法吗?

　　在一个派遣期内签订多个派遣协议的行为是违反法律规定的。《劳动合同法》第五十九条第二款已明确规定，用工单位应当根据工作岗位的实际需要与劳务派遣单位确定派遣期限，不得将连续用工期限分割订立数个短期劳务派遣协议。据此可知，一个派遣期的强制分割是法律所不允许的。此外，该法第六十二条规定，提供与工作岗位相关的福利待遇是用工单位的一项法定义务，是职工享受同工同酬待遇的具体体现。因此，本案中，派遣单位和用工单位以分割派遣期的手段逃避提供福利待遇，是与法律相违背的。

◆ 法律条文

《中华人民共和国劳动合同法》

第五十九条 劳务派遣单位派遣劳动者应当与接受以劳务派遣形式用工的单位（以下称用工单位）订立劳务派遣协议。劳务派遣协议应当约定派遣岗位和人员数量、派遣期限、劳动报酬和社会保险费的数额与支付方式以及违反协议的责任。

用工单位应当根据工作岗位的实际需要与劳务派遣单位确定派遣期限，不得将连续用工期限分割订立数个短期劳务派遣协议。

第六十二条 用工单位应当履行下列义务：

（一）执行国家劳动标准，提供相应的劳动条件和劳动保护；

（二）告知被派遣劳动者的工作要求和劳动报酬；

（三）支付加班费、绩效奖金，提供与工作岗位相关的福利待遇；

（四）对在岗被派遣劳动者进行工作岗位所必需的培训；

（五）连续用工的，实行正常的工资调整机制。

用工单位不得将被派遣劳动者再派遣到其他用人单位。

※ 深度解析

在订立劳务派遣协议时应当以遵循实际需要的原则来确定派遣期限。分割订立数个短期劳务派遣协议是相关单位逃避为职工缴纳社会保险，进行工资调整，安排年终、假日福利及年休假等法定义务的手段，这对被派遣劳动人员的权益是极大的损害，因此，《劳动合同法》明确规定不允许将劳务派遣员工连续的用工期限分开。

80. 被派遣员工的加班费和奖金应该由劳务派遣公司支付还是由用工单位支付?

◆ 案例分析

陈某从农村进城务工时就和某劳务派遣公司签订了为期五年的劳务派遣合同,合同约定派遣公司负责为陈某派遣工作,工资按照用工单位工资标准执行,由派遣公司发放。后陈某被派遣到某奶制品公司从事车间工人的工作,陈某与奶制品公司签订了《派遣员工聘用协议》,约定陈某每个月工资为3600元。陈某工作后不久就到了年底,奶制品公司接到很多订单。为了准时交货,奶制品公司安排所有员工加班,加班费另算,并承诺12月的工资发放双倍。次年1月时,陈某的工资仍为3600元,但其他同事都是双倍工资,还有加班费。陈某找到奶制品公司的人事部询问,人事部告知他是按照聘用协议的约定执行的,陈某是劳务派遣员工,只有固定工资,没有加班费和其他福利。那么,陈某可以得到加班费和其他公司福利吗? 这些应该由劳务派遣公司还是由用工单位支付呢?

陈某当然可以得到加班费和公司福利,这部分费用应由用工单位即本案中的奶制品公司来承担。劳务派遣用工应与用工单位的其他职工享受同工同酬的待遇,支付加班费和奖金就是福利待遇的具体体现。用工单位在实际组织生产的过程中,要求工作人员加班加点是在所难免的,同时又由于加班加点具有不特定性,一般不会在

用工协议中明确约定其费用的支付情况，但依据《劳动合同法》第六十二条的规定，支付加班费、绩效奖金，提供与工作岗位相关的福利待遇是用工单位的一项法定义务，因此具体到本案中，奶制品公司作为实际用工单位应当向陈某支付加班费和奖金。

◆ 法律条文

《中华人民共和国劳动合同法》

第六十二条　用工单位应当履行下列义务：

（一）执行国家劳动标准，提供相应的劳动条件和劳动保护；

（二）告知被派遣劳动者的工作要求和劳动报酬；

（三）支付加班费、绩效奖金，提供与工作岗位相关的福利待遇；

（四）对在岗被派遣劳动者进行工作岗位所必需的培训；

（五）连续用工的，实行正常的工资调整机制。

用工单位不得将被派遣劳动者再派遣到其他用人单位。

深度解析

　　劳务派遣单位是用人单位，承担用人单位的责任。用工单位在劳务派遣中是重要的一方，也应当承担相应的法律义务。被派遣员工提供了与其他员工同样的劳动，那么他们就应该得到与工作岗位相关的福利待遇，这就是所谓的劳务工与用工单位其他职工同工同酬。因此，加班费、绩效奖金、与工作岗位相关的福利待遇等都应当在劳务派遣单位支付的工资之外，由用工单位向被派遣劳动者支付。

81. 什么情况下劳务派遣公司可以与被派遣人员解除劳动合同?

◆ 案例分析

　　贾某从农村到城市打工已经有几年了，他与一家劳务派遣公司签订了为期 6 年的劳动合同，还有两年合同就到期了，贾某打算合同到期后就回家乡结婚，但是这几年他并没有存下多少钱，积蓄根本不够结婚用。后来贾某被派到一家银行做保安，上班 12 小时，休息 24 小时。贾某闲暇之余就到一家超市做小时工。但是贾某因为长时间工作，休息不够，在银行工作时经常打瞌睡，有一次甚至造成银行的财产损失。银行经理多次批评贾某，贾某为了多攒钱就没有辞去超市的工作，后来银行就解除了与贾某的聘用协议，将贾某退回了劳务派遣公司。那么，劳务派遣公司能单方解除与贾某的劳动合同吗？

　　《劳动合同法》第六十五条第二款规定："被派遣劳动者有本法第三十九条和第四十条第一项、第二项规定情形的，用工单位可以将劳动者退回劳务派遣单位，劳务派遣单位依照本法有关规定，可以与劳动者解除劳动合同。"《劳动合同法》第三十九条也规定："劳动者有下列情形之一的，用人单位可以解除劳动合同：……（四）劳动者同时与其他用人单位建立劳动关系，对完成本单位的工作任务造成严重影响，或者经用人单位提出，拒不改正的……"本案中，贾

某为了多挣钱私自到超市工作，与超市建立劳动关系，影响了被派遣的用工单位即银行的工作任务，经银行领导多次教育批评仍拒不改正，劳务派遣单位可以依法与贾某解除劳动合同。

◆ **法律条文**

《中华人民共和国劳动合同法》

第三十九条　劳动者有下列情形之一的，用人单位可以解除劳动合同：

……

（四）劳动者同时与其他用人单位建立劳动关系，对完成本单位的工作任务造成严重影响，或者经用人单位提出，拒不改正的；

……

第六十五条第二款　被派遣劳动者有本法第三十九条和第四十条第一项、第二项规定情形的，用工单位可以将劳动者退回劳务派遣单位，劳务派遣单位依照本法有关规定，可以与劳动者解除劳动合同。

🔍 深度解析

用工单位退回被派遣劳动者只能是因为劳动者不符合录用条件或者严重违纪违法，以及不胜任工作等情形。这样，劳务派遣单位作为实际用工单位就可以依照劳动法的规定解除劳动合同。这样规定也是对被派遣劳动者的督促和约束。

第十一章
依法信访与诉讼法律知识

信访人在信访过程中应当遵守法律、法规，不得损害国家、社会、集体的利益和其他公民的合法权利，自觉维护社会公共秩序和信访秩序

信访人不得有的行为

在国家机关办公场所周围、公共场所非法聚集，围堵、冲击国家机关，拦截公务车辆，或者堵塞、阻断交通的

携带危险物品、管制器具的

侮辱、殴打、威胁国家机关工作人员，或者非法限制他人人身自由的

在信访接待场所滞留、滋事，或者将生活不能自理的人弃留在信访接待场所的

煽动、串联、胁迫、以财物诱使、幕后操纵他人信访或者以信访为名借机敛财的

扰乱公共秩序、妨害国家和公共安全的其他行为

起诉必须满足的条件

原告是与本案有直接利害关系的公民、法人和其他组织

有明确的被告

有具体的诉讼请求和事实、理由

属于人民法院受理民事诉讼的范围和受诉人民法院管辖

起诉状应当记明的事项

原告的姓名、性别、年龄、民族、职业、工作单位、住所、联系方式，法人或者其他组织的名称、住所和法定代表人或者主要负责人的姓名、职务、联系方式

被告的姓名、性别、工作单位、住所等信息，法人或者其他组织的名称、住所等信息

诉讼请求和所根据的事实与理由

证据和证据来源，证人姓名和住所

审判人员应当自行回避；当事人有权用口头或者书面方式申请他们回避的情形

是本案当事人或者当事人、诉讼代理人近亲属的

与本案有利害关系的

与本案当事人、诉讼代理人有其他关系，可能影响对案件公正审理的

审判人员接受当事人、诉讼代理人请客送礼，或者违反规定会见当事人、诉讼代理人的

证据必须查证属实，才能作为认定事实的根据

电子数据

证人证言

鉴定意见

勘验笔录

证据包括

当事人的陈述

书证

物证

视听资料

人民法院可以根据情节轻重对诉讼参与人或其他人予以罚款、拘留；构成犯罪的，依法追究刑事责任的情形

伪造、毁灭重要证据，妨碍人民法院审理案件的

以暴力、威胁、贿买方法阻止证人作证或者指使、贿买、胁迫他人作伪证的

隐藏、转移、变卖、毁损已被查封、扣押的财产，或者已被清点并责令其保管的财产，转移已被冻结的财产的

对司法工作人员、诉讼参加人、证人、翻译人员、鉴定人、勘验人、协助执行的人，进行侮辱、诽谤、诬陷、殴打或者打击报复的

以暴力、威胁或者其他方法阻碍司法工作人员执行职务的

拒不履行人民法院已经发生法律效力的判决、裁定的

人民法院对有这些行为之一的单位，可以对其主要负责人或者直接责任人员予以罚款、拘留；构成犯罪的，依法追究刑事责任

82. 信访人可以通过哪些渠道进行信访？

◆ 案例分析

王某是某村村民，该村在某市的郊区。这几年村民都传言这一带要拆迁，王某全家人也都盼望着快点拆迁，因为王某的儿子已经结婚，家中没有地方住，小两口现在在外面租房子住。王某一直憧憬着拆迁了可以解决居住问题，儿媳妇也不会再因为房子天天对自己摆脸色了。但是拆迁开始后，王某还是高兴不起来。原来，按规定王某通过产权调换可以得到两套九十平方米的房子，但是村委会告诉他不能都要房子，必须选择部分货币补偿。王某认为村委会的做法不妥，他想通过信访的方式保护自己的利益，但是又不知道信访的渠道。那么，王某该怎么做呢？

在现实生活中，有些群众的合法权益会受到损害，群众为了讨回公道，通常采取信访的方式维权。根据《信访条例》第九条和第十条的规定，各级人民政府、县级以上人民政府工作部门都会公布信访机构的相关信息及处理程序等相关事宜，还会有专门的信访接待制度，这些规定都是为了及时、公开地解决信访事项。

本案中，村民王某可以通过邮寄信件、打电话、在网上发送电子信件或者亲自到信访机构等方式反映问题，信访机构对通过这些方式反映的情况进行核实后，依据不同的情况作出不同的处理。

◆ **法律条文**

《信访条例》

第九条 各级人民政府、县级以上人民政府工作部门应当向社会公布信访工作机构的通信地址、电子信箱、投诉电话、信访接待的时间和地点、查询信访事项处理进展及结果的方式等相关事项。

各级人民政府、县级以上人民政府工作部门应当在其信访接待场所或者网站公布与信访工作有关的法律、法规、规章，信访事项的处理程序，以及其他为信访人提供便利的相关事项。

第十条 设区的市级、县级人民政府及其工作部门，乡、镇人民政府应当建立行政机关负责人信访接待日制度，由行政机关负责人协调处理信访事项。信访人可以在公布的接待日和接待地点向有关行政机关负责人当面反映信访事项。

县级以上人民政府及其工作部门负责人或者其指定的人员，可以就信访人反映突出的问题到信访人居住地与信访人面谈沟通。

第十一条 国家信访工作机构充分利用现有政务信息网络资源，建立全国信访信息系统，为信访人在当地提出信访事项、查询信访事项办理情况提供便利。

县级以上地方人民政府应当充分利用现有政务信息网络资源，建立或者确定本行政区域的信访信息系统，并与上级人民政府、政府有关部门、下级人民政府的信访信息系统实现互联互通。

深度解析

国家信访工作机构要充分利用现有政务信息网络资源，建立全国信访系统。县级以上地方人民政府应当充分利用现有政务信息网络资源，建立或者确定本行政区域的信访信息系统，并与上级人民政府、政府有关部门、下级人民政府的信访信息系统实现互联互通，这样就可以对上访群众合理分流，有效防止信访渠道拥堵，预防群众越级上访、重复上访等情形出现。

83. 信访人在等待处理结果时，还能向上级机关提出信访吗？

◆ **案例分析**

某乡镇为了发展经济，引进外资，建立了一个水泥厂。水泥厂的建立不仅能带来不少税收收入，还能解决当地村民的就业问题，很受大家拥护。水泥厂建成后，不少村民进了厂子，但是他们上了半年多的班，水泥厂还是以刚刚开业没有利润为由拒绝支付村民们的工资。水泥厂的行为使村民很不满，于是，村民决定到县里上访，希望能解决问题。县里受理了此事，在等结果期间，村民认为水泥厂是镇办企业，县里肯定会偏袒水泥厂。所以，村民不信县里能给大家解决问题，决定向市里提出信访申请。那么，村民可以向市里提出信访要求吗？

各级人民政府、县级以上人民政府工作部门都设有处理信访事项的专门负责人，并有权处理信访事项。根据《信访条例》第十六条的规定，信访人应向依法有权处理的本级或者上一级机关提出；信访事项已受理的，信访人不得向上级机关再提出信访要求。本案中，村民首先向县里提出了信访，县里也已经受理，但是，村民出于主观上对县里的不信任，决定向市里提出信访要求，这是不符合法律规定的，即使再提出信访要求，市级机关也不会受理。

◆ 法律条文

《信访条例》

第十六条　信访人采用走访形式提出信访事项，应当向依法有权处理的本级或者上一级机关提出；信访事项已经受理或者正在办理的，信访人在规定期限内向受理、办理机关的上级机关再提出同一信访事项的，该上级机关不予受理。

☀ 深度解析

公民在信访过程中，须自觉维护正常的信访秩序。信访人采用走访形式提出信访事项的，应当根据信访事项的性质和管辖层级，到依法有权处理的本级和上级机关设立和指定的接待场所提出。对于跨越本级和上一级机关提出的来访事项，上级机关不予受理。这有利于减轻信访人经济负担，也可以避免各级行政机关就同一信访事项重复处理。

84. 对于集体信访，信访人应注意哪些事项？

◆ 案例分析

某村村委会为了改善本村的交通环境，促进经济发展，决定修路。镇上对此事也十分支持，但因为实际困难只能解决一部分资金，村干部就做通了村民们的工作来集资修路，很快资金就筹集到了。但是路修到一半的时候，村委会提出资金短缺，需要重新集资。村民们认为筹集的资金加上镇政府的支持，修路的款项是足额的，出现这种情况肯定是村委会扣下了部分款项。村民们就想集体去县里上访，但是怕违反有关法律而另惹麻烦，就想要先了解一下我国法律对于他们这种集体信访是如何规定的。

根据《信访条例》第十八条、第二十条的规定，集体信访采用走访形式的，应当推选代表，代表人数不得超过 5 人；同时应当遵守法律、法规，不得损害国家、社会、集体的利益和其他公民的合法权利，自觉维护社会公共秩序和信访秩序，不得在国家机关办公场所周围、公共场所非法聚集，围堵、冲击国家机关，拦截公务车辆，或者堵塞、阻断交通；不得携带危险物品、管制器具；不得侮辱、殴打、威胁国家机关工作人员，或者非法限制他人人身自由；不得在信访接待场所滞留、滋事，或者将生活不能自理的人弃留在信访接待场所；不得煽动、串联、胁迫、以财物诱使、幕后操纵他人信访或者以信访为名借机敛财；不得有扰乱公共秩序、妨害国家和公共安全的其他行为。因此，集体信访采用走访形式的，应当推选信访代表，这些代表要严格遵守相关法律，依法上访，否则会承担相应的法律责任；构成犯罪的，还会被依法追究刑事责任。

◆ 法律条文

《信访条例》

第十八条　信访人采用走访形式提出信访事项的，应当到有关机关设立或者指定的接待场所提出。

多人采用走访形式提出共同的信访事项的，应当推选代表，代表人数不得超过 5 人。

第二十条　信访人在信访过程中应当遵守法律、法规，不得损害国家、社会、集体的利益和其他公民的合法权利，自觉维护社会公共秩序和信访秩序，不得有下列行为：

（一）在国家机关办公场所周围、公共场所非法聚集，围堵、冲击国家机关，拦截公务车辆，或者堵塞、阻断交通的；

（二）携带危险物品、管制器具的；

（三）侮辱、殴打、威胁国家机关工作人员，或者非法限制他人人身自由的；

（四）在信访接待场所滞留、滋事，或者将生活不能自理的人弃留在信访接待场所的；

（五）煽动、串联、胁迫、以财物诱使、幕后操纵他人信访或者以信访为名借机敛财的；

（六）扰乱公共秩序、妨害国家和公共安全的其他行为。

深度解析

　　根据多人走访的特点和实际情况以及信访工作实践经验，《信访条例》规定集体信访应当推选代表并不得超过 5 名。因为多人走访无论人数多少，都是反映共同意见、建议和要求，选派代表完全可以把共同意愿反映出来，既能方便群众，减轻群众负担，节省人力、物力和财力，又能维护正常的生产、工作和生活秩序。另外，规模大、人数多的来访，不利于信访事项的受理和解决。

85. 信访人在信访时捏造事实诬告他人，需要承担法律责任吗？

◆ **案例分析**

胡某是村里今年竞选村主任的热门人物，他对村主任一职也是志在必得，但最后的竞选结果却让他大跌眼镜。原来，张某通过提出对村里的经济发展计划等富民措施竟然后来居上竞选成功了。胡某心中不服，就捏造张某有贿选、破坏民选程序、暗箱操作等行为，反映到相关的信访机关。经相关机关调查，发现胡某反映的情况是自己捏造的，是诬告张某。对此情况该如何处理？信访人胡某捏造事实诬告他人要承担什么责任？

《信访条例》第四十八条规定："信访人捏造歪曲事实、诬告陷害他人，构成犯罪的，依法追究刑事责任；尚不构成犯罪的，由公安机关依法给予治安管理处罚。"信访人捏造他人违法的事实，向国家机关和有关单位告发，企图诬告陷害他人，不仅会使他人名誉受到损害，而且可能造成更严重的后果。因此，对捏造事实诬告他人的信访人胡某，应依据其违法情节造成的后果，或者由公安机关给予治安管理处罚，或者由司法机关追究其刑事责任。

◆ **法律条文**

《信访条例》

第四十八条 信访人捏造歪曲事实、诬告陷害他人，构成犯罪的，依法追究刑事责任；尚不构成犯罪的，由公安机关依法给予治安管理处罚。

深度解析

信访人捏造歪曲事实、诬告陷害他人的，如果不是意图引起司法机关刑事追究，而是企图使有关机关追究被害人行政责任或给予纪律处分的；或者虽然信访人故意捏造犯罪事实，向国家机关或者有关单位告发，意图使他人受到刑事责任追究，但不足以引起刑事追究程序的，公安机关应当按治安管理处罚法的规定，对违法信访人给予行政处罚，不应追究刑事责任。反之，信访人则需承担刑事责任。

86. 丈夫常年在外地工作，妻子是否必须去丈夫的居住地起诉离婚？

◆ 案例分析

张女士和丈夫孙某自结婚后就一起进城打工，后来因住在农村的婆婆瘫痪在床，张女士只能回到家里照料老人。一开始，孙某还总是记挂着媳妇和父母，把积攒下来的工钱寄回家。一年后，婆婆的病情好转，张女士就提出想去城里和丈夫一起打工，丈夫孙某觉得张女士嫌弃自己的父母，吃不了苦，开始疏远张女士。就这样两人过了四年两地分居的生活，张女士觉得婚姻已经形同虚设，便决定起诉离婚。那么哪个法院有管辖权呢？张女士是否需要到被告经常居住地法院起诉呢？

民事诉讼案件的一般管辖原则为原告就被告，但上述案例中张女士与丈夫分居两地，到丈夫的经常居所地法院起诉离婚的难度较大。考虑到这些情况，《最高人民法院关于适用〈中华人民共和国民事诉讼法〉的解释》第十二条第一款规定："夫妻一方离开住所地超过一年，另一方起诉离婚的案件，可以由原告住所地人民法院管辖。"案例中，张女士的丈夫离开住所地多年，所以张女士可以依法在自己住所地人民法院起诉离婚。

◆ 法律条文

《最高人民法院关于适用〈中华人民共和国民事诉讼法〉的解释》

第十二条 夫妻一方离开住所地超过一年，另一方起诉离婚的案件，可以由原告住所地人民法院管辖。

夫妻双方离开住所地超过一年，一方起诉离婚的案件，由被告经常居住地人民法院管辖；没有经常居住地的，由原告起诉时被告居住地人民法院管辖。

深度解析

通常情况下，离婚诉讼管辖权的确定也遵循民事诉讼"原告就被告"的一般原则，原告应当向被告住所地的人民法院起诉。在特殊情况下，法律基于方便当事人诉讼和方便法院审理的"两便原则"，赋予原告所在地人民法院一定的管辖权，遇有法律规定的特殊情况时，原告可以向自己住所地的人民法院起诉。

87. 胁迫证人作证，依法应承担怎样的后果？

◆ 案例分析

杨某在村里承包了一片果园。近期，某果蔬零售店老板与杨某签署了一份苹果运输合同。由于路途较远，杨某雇小孙完成此次长途运输，杨某与之同行。后杨某与某保险公司签订了一份保险合同，对此批运送的苹果进行投保。路上，由于杨某不慎将烟头抛到货仓上，导致货物全部被烧毁。杨某立即联系保险公司，称货物发生自燃，要求保险公司在保单确定的责任范围内支付相关钱款。保险公司认为当前的天气温度不足以导致货物自燃，拒绝赔付。后杨某将保险公司告上法庭，并胁迫小孙出庭作伪证，证明货物自燃的事实。那么，胁迫证人作伪证，杨某会承担怎样的法律后果呢？

如果民事诉讼一方当事人在诉讼中肆意胁迫证人作伪证，那么最终受害的不仅仅是法院和诉讼当事人，而是整个社会。这样不仅可能造成一方当事人的重大损失，还可能因为法院错误采纳伪造的证据造成错判，损害法院的司法权威。《民事诉讼法》第一百一十一条明确规定："诉讼参与人或者其他人有下列行为之一的，人民法院可以根据情节轻重予以罚款、拘留；构成犯罪的，依法追究刑事责任：……（二）以暴力、威胁、贿买方法阻止证人作证或者指使、贿买、胁迫他人作伪证的……人民法院对有前款规定的行为之一的单位，可以对其主要负责人或者直接责任人员予以罚款、拘留；构成犯罪的，依法追究刑事责任。"根据此条规定，诉讼参与人或者其他人以暴力、威胁、贿买方法阻止证人作证或者指使、贿买、胁迫他人作伪证，妨碍人民法院审理案件，情节严重的，可以追究刑事责任。本案中，杨某为达到获得保险公司赔付的目的，胁迫小孙出庭作伪证，杨某的行为妨碍了人民法院审理案件。因此，人民法院可以视情节对杨某处以罚款、拘留的处罚，情节严重构成犯罪的，要依法追究其刑事责任。而证人小孙作伪证的行为也会受到相应的处罚。

◆ 法律条文

《中华人民共和国民事诉讼法》

第一百一十一条 诉讼参与人或者其他人有下列行为之一的，人民法院可以根据情节轻重予以罚款、拘留；构成犯罪的，依法追究刑事责任：

......

（二）以暴力、威胁、贿买方法阻止证人作证或者指使、贿买、胁迫他人作伪证的；

......

人民法院对有前款规定的行为之一的单位，可以对其主要负责人或者直接责任人员予以罚款、拘留；构成犯罪的，依法追究刑事责任。

深度解析

　　诉讼参与人和其他人应当遵守诉讼规则，不得扰乱、阻碍诉讼的正常开展。但实践操作中，指使、贿买、胁迫他人作伪证的不良行为时有发生，为保障诉讼的顺利进行，法律针对妨害诉讼的行为规定了不同的应对措施。需要注意的是，采取对妨害民事诉讼的强制措施必须由人民法院决定。

88. 拒不履行人民法院生效判决的，应当承担怎样的法律后果？

◆ 案例分析

某村村民高某等 13 人于 2019 年 2 月一起到市里某建筑公司打工，与建筑公司签订了为期一年的劳动合同，在合同结束之后，高某等人完成了工作任务，但是建筑公司一直拖欠高某等人的打工工资共计 20 余万元。在多次催要无果的情况下，几人无奈申请了劳动仲裁，因不服仲裁结果又将该建筑公司起诉到法院。人民法院经依法审判后，判决建筑公司应当依法支付高某等 13 人工资连同相关费用共计 27.8 万元。但法院的判决生效后，该公司的负责人何某觉得高某等人起诉自己，让自己很没面子，于是一直拒绝履行法院的生效判决。虽然手持法院的判决，但是何某仍然不给自己工资，高某等人也不知道应该怎么办了。那么请问当事人拒不履行法院生效判决的，应当承担怎样的法律后果？

打赢官司并不意味着胜诉方能获得判决所确定的给付内容，生效判决得到完全履行才能确保当事人最核心利益得到实现；如果生效法律文书得不到履行，那就是一纸空文，对胜诉方没有多大的实质意义。而在实践中"打赢了官司，却拿不到钱"的情况很多。据此，《民事诉讼法》第一百一十一条明确规定："诉讼参与人或者其他人有下列行为之一的，人民法院可以根据情节轻重予以罚款、拘留；构成犯罪的，依法追究刑事责任：……（六）拒不履行人民法院已经发生法律效力的判决、裁定的。人民法院对有前款规定的行为之一的单位，可以对其主要负责人或者直接责任人员予以罚款、拘留；构成犯罪的，依法追究刑事责任。"本案中，高某等人可以申请法院的强制执行程序来维护自己的利益。同时建筑公司的负责人何某无故不履行法院的生效判决，是公然对抗法律的行为，依据法律的规定，人民法院可以视情节对何某处以罚款、拘留等相应的法律制裁措施。

◆ **法律条文**

《中华人民共和国民事诉讼法》

第一百一十一条　诉讼参与人或者其他人有下列行为之一的，人民法院可以根据情节轻重予以罚款、拘留；构成犯罪的，依法追究刑事责任：

……

（六）拒不履行人民法院已经发生法律效力的判决、裁定的。

……

人民法院对有前款规定的行为之一的单位，可以对其主要负责人或者直接责任人员予以罚款、拘留；构成犯罪的，依法追究刑事责任。

深度解析

　　法院的生效判决代表着法律对于案件的判定，是法律威严的集中体现，对全体诉讼参与人具有法律效力。对于诉讼参与人无故拒不履行法院生效判决的，人民法院可以依照法律规定对其进行一定的法律制裁。这不但能充分维护法律的威严，而且能有效排除相应的妨害，充分保障当事人利益的实现。

图书在版编目（CIP）数据

农民法律知识学习手册：实用导图版／八五普法图书中心著. —北京：中国法制出版社，2021.10

ISBN 978 - 7 - 5216 - 2066 - 5

Ⅰ. ①农… Ⅱ. ①八… Ⅲ. ①法律 – 基本知识 – 中国 Ⅳ. ①D920. 4

中国版本图书馆 CIP 数据核字（2021）第 143446 号

策划编辑：胡艺（ngaihu@ gmail. com）
责任编辑：王悦（wangyuefzs@ 163. com）　　　　　　　封面设计：李宁

农民法律知识学习手册：实用导图版
NONGMIN FALÜ ZHISHI XUEXI SHOUCE：SHIYONG DAOTUBAN

著者/八五普法图书中心　.
经销/新华书店
印刷/三河市国英印务有限公司
开本/880 毫米 ×1230 毫米　32 开　　　　　　印张/8　字数/98 千
版次/2021 年 10 月第 1 版　　　　　　　　　2021 年 10 月第 1 次印刷

中国法制出版社出版
书号 ISBN 978 - 7 - 5216 - 2066 - 5　　　　　　　　　定价：39. 80 元

北京市西城区西便门西里甲 16 号西便门办公区
邮政编码：100053　　　　　　　　　　　　　传真：010 - 63141852
网址：http：//www. zgfzs. com　　　　　**编辑部电话：010 - 63141831**
市场营销部电话：010 - 63141612　　　　　**印务部电话：010 - 63141606**

（如有印装质量问题，请与本社印务部联系。）